W0065514

Liebe Leserinnen, liebe Leser!

Der DuMont Bildatlas Eifel · Aachen erscheint gerade zum richtigen Zeitpunkt: 2014 geht in die Geschichte von Aachen als „Karlsjahr" ein. Mit mehreren großen Ausstellungen, Lesungen, Vorträgen, Theater- und Konzertveranstaltungen gedenkt die Stadt das ganze Jahr über des 1200. Todestages von Karl dem Großen. Grund genug für Forbes, den ältesten US-amerikanischen Reiseführerverlag, auf seiner Webseite Aachen als eine von fünf europäischen Städten zu listen, die man 2014 besuchen sollte (neben Zürich, Sotschi, Rom und Berlin). Also auf nach Aachen!

Naturerlebnis der Extraklasse

Nach dem Kulturgenuss in Aachen ist dann Zeit für ausgiebige Ausflüge in die Eifel. Es gibt nur wenige Regionen in Deutschland, die auf relativ kleiner Fläche mit derartig unterschiedlichen Landschaften aufwarten können. Das Spektrum reicht vom kargen Hochmoor des Hohen Venn, über die daran anschließende Seenplatte mit dem Rurstausee im Zentrum und weiter über das liebliche Ahrtal bis hin zu dichten Wäldern und den grandiosen Maaren der Vulkaneifel.

Auf Traumpfaden unterwegs

Wie man diese Wildnis am besten erkundet? Keine Frage, zu Fuß. Das ganze Spektrum der Landschaftsvielfalt erschließt der Eifelsteig, jener 313 km lange Fernwanderweg von Aachen nach Trier. Konkurrenz machen dem Eifelsteig die Traumpfade. Jeder ist ein klug konzipierter Rundwanderweg, der Naturerlebnis mit Sightseeing und Genuss verbindet. Mehr darüber erfahren Sie im DuMont Thema auf S. 74 ff. Bei Wanderungen hat Klaus Simon übrigens meist Badesachen dabei. Er schätzt eine Badepause in einem der Maarseen. Je weiter man hinausschwimmt, desto wärmer wird es, verriet er mir – die Vulkane der Eifel sind zwar schon lange erloschen, aber für eine Wassererwärmung reicht es noch immer.
Herzlich Ihre

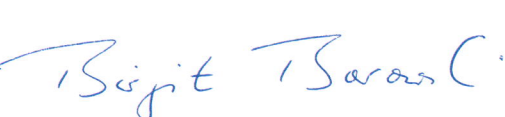

Birgit Borowski
Programmleiterin DuMont Bildatlas

Für den Fotografen **Rainer Kiedrowski** aus Ratingen liegt die Eifel vor der Haustür. So kennt er die westdeutsche Landschaft bereits von vielen Fotoreisen.

Autor **Klaus Simon** startet von Köln aus gern zu Ausflügen in die nahe Eifel. Er ist immer wieder begeistert, wenn er beim Schwimmen im Maar oder bei Wanderungen die Landschaft (fast) für sich alleine hat.

Einfach mal Luft holen!

Besuchen Sie unser Portal und finden Sie eine große Anzahl an Angeboten, die neben Aktiv-Urlaub und -Kursen viel Erholung, Entspannung, Genuß und Wellness bieten.

www.eifel-vital.de

Eifel Vital arbeitet eng mit über 100 regionalen Partnern zusammen. Dazu gehören Trainer, ortsansässige Therapeuten & Praxen, Anbieter für Gesunde Beratung, zahlreiche Übernachtungsbetriebe, Partner der Gastronomie und unsere regionalen Produzenten.

Eifel Vital

gefördert durch:

EUROPÄISCHE UNION
Investition in unsere Zukunft
Europäischer Fond
für regionale Entwicklung

Ministerium für Wirtschaft, Energie, Industrie, Mittelstand und Handwerk des Landes Nordrhein-Westfalen

Anzeige

DuMont Thema

DuMont Thema

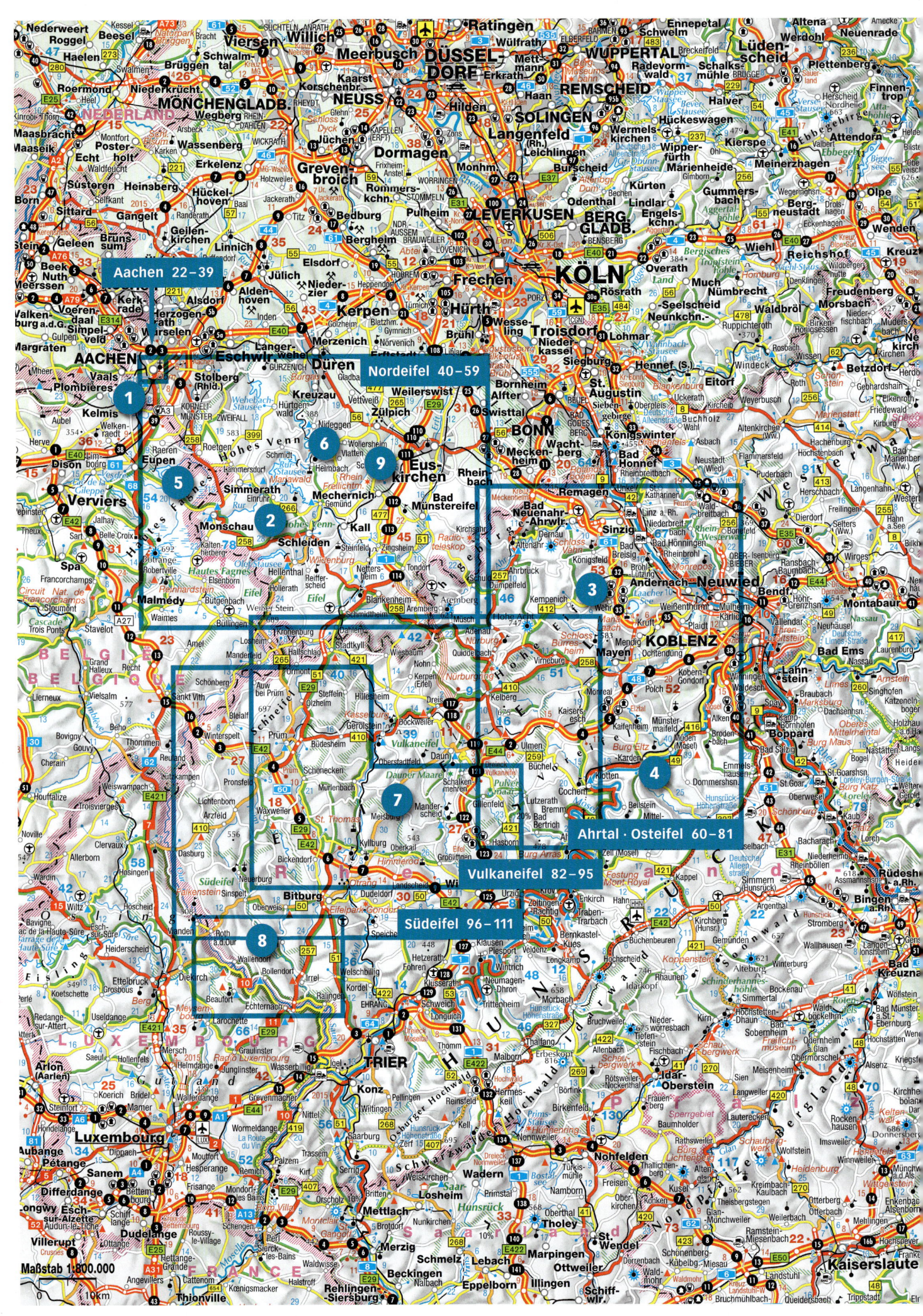

Topziele

*Die bedeutendsten Sehenswürdigkeiten und Erlebnisse, die keinesfalls
versäumt werden sollten, haben wir auf dieser Seite zusammengestellt.
Auf den Infoseiten sind sie jeweils als ▶TOPZIEL gekennzeichnet.*

KULTUR

1 Aachener Dom
*Als erstes Baudenkmal Deutschlands
wurde der karolingische Aachener Dom
zur Welterbestätte der Unesco erklärt.*
Seite 37

2 Monschau
*Barocke Bürgerpalais, Fachwerkgassen,
filigrane Brücken und eine Burg:
Monschaus Stadtbild ist schöner als
jede Postkarte.*
Seite 57

3 Maria Laach
*Die sechstürmige Silhouette der Abtei-
kirche gehört zu den Höhepunkten der
Rheinland-Romanik.*
Seite 79

4 Burg Eltz
*Acht Jahrhunderte kam die wohl
schönste deutsche Burg recht unver-
sehrt über die Zeiten.*
Seite 81

NATUR

5 Hohes Venn
*Das Hochmoor ist eine einmalige
Landschaft aus zitterndem Wollgras,
torfbraunen Tümpeln und wankenden
Böden.*
Seite 57

6 Nationalpark Eifel
*Einer der letzten europäischen Buchen-
Urwälder gewinnt hier Jahr für Jahr
an Raum.*
Seite 57

7 Dauner Maare
*Gemündener Maar, Totenmaar und
Schalkenmehrener Maar liegen so
dicht beieinander, dass man alle drei
in wenigen Stunden umrundet hat.*
Seite 94

8 Felsenland Südeifel
*Stromschnellen rauschen durch den
Wald, Buntsandsteinfelsen rücken
bedrohlich zusammen: Hier kommt
die Eifel ursprünglich daher.*
Seite 109

ERLEBEN

9 Freilichtmuseum Kommern
*Hühner gackern, ein Schwein grunzt,
und hoch über den Köpfen klappert
der Storch. Wenn dann noch die
Mäusefallenverkäuferin auftritt,
leuchten Kinderaugen.*
Seite 58

REICH AN WASSER UND WALD

Wasser ist der eigentliche Reichtum der Eifel. Wie die Rur in Monschau zwängen sich zahlreiche Flüsse durch das Mittelgebirge. Der Rur verdankt das alte Wollfärber- und Tuchmacherstädtchen eine wirtschaftliche Blüte, die sich in schmucken Fachwerkfassaden spiegelt. Denn erst das Wasser machte im 18. Jahrhundert die Ansiedlung von Manufakturen möglich. Ein anderer Reichtum ist der Wald, der bereits hinter den Häusern beginnt und die Eifel über weite Flächen bedeckt – ein Segen für Forstwirtschaft und Tourismus.

DIE FÜNFTE JAHRESZEIT IST BUNT

Die Jecken aus den Karnevalshochburgen am Rhein, aus der Grenzstadt Aachen (Foto) und aus Ostbelgien geben den närrischen Ton bis in die tiefste Eifel vor. Zur Fünften Jahreszeit wird es auch in Hillesheim, Daun und Kyllburg bunt, inklusive Weiberdonnerstag und Rosenmontagszug. Und am Aschermittwoch ist alles vorbei – bis zum nächsten 11.11.

EINSAMES JUWEL

Burg Eltz ist ein Besuchermagnet ersten Ranges. Wie so oft in der Eifel aber muss man sich das Staunen verdienen. Das architektonische Wunderwerk liegt weit entfernt von großen Verkehrsachsen einsam in einer Talsohle. Die letzten hundert Meter geht es zu Fuß durch den Wald. Ähnliches gilt für die Manderscheider Burgen, das barocke Schloss Malberg und das romanische Kloster Steinfeld, aber auch für Naturwunder wie Maare, Stromschnellen und Vulkane. Gut so, denn mehr als anderswo ist in der Eifel der Weg das Ziel.

AUS DER HOCHBLÜTE DES MITTELALTERS

Mit den Römern wurde Aachen zum Militärbad, in dem sich Legionäre kurierten. Auf die Römer, oder besser gesagt: auf ihre Bautradition griff Karl der Große zurück, als er den Dom errichten ließ. Aachen erlebte eine Hochblüte, wurde zur Lieblingspfalz des Kaisers. Und sein Dom kam 1978 als erstes Baudenkmal auf deutschem Boden auf die Welterbeliste.

EIN EWIGER KAMPF

Mager sind die Böden in weiten Teilen der Eifel. Die Winter sind zudem eisig und lang – noch ist das Wort von „Preußisch Sibirien" geläufig. An den Ausläufern des Hohen Venns, wo auch das Dorf Höfen liegt, schützen zu Mauern getrimmte Hecken vor dem ruppigen Wind. Wie arm die Eifel einmal war, erzählen etliche Heimatmuseen. Ausnahmen waren das Maifeld mit seinen fetten Böden und die Nordeifel. Der Tourismus sorgt heute gerade in den strukturschwachen Regionen der Eifel für einen Ausgleich.

DIE REINE NATUR?

Über weite Strecken ist die dünn besiedelte Eifel ein Naturparadies. Gesund die Wälder, glasklar die Bäche, üppig blühend die Wildwiesen. Fuchs und Hase? Sagen sich ungestört Gute Nacht. Doch die naturbelassene Weite reizt dazu, ausgebeutet zu werden. Windkraftanlagen bestimmen wie gigantische Spargelstangen das Panorama. Ein Radioteleskop reckt bei Effelsberg seinen Trichter gen Himmel. Doch der Wald behält die Oberhand – noch.

BADEHOSE ODER WANDERSCHUHE? BEIDES!

Die Zahl der Kanus erreicht am Rursee Flottenstärke. Etwas überschaubarer ist die Anzahl der Ausflugsboote. Für Aktivtouristen ist die Eifel ein Paradies. Baden ist nirgends schöner als in einem Maar. Radfahren wird auf der Trasse der Vennbahn oder längs der Kyll zum Vergnügen. Und auf Traumpfaden zu wandern, bedeutet ungestörten Naturgenuss.

Großer Karl, kleine Stadt

Bereits die Römer kurten in den heißen, schwefelhaltigen Kochsalzquellen. Karl der Große erklärte die Stadt zu seiner Lieblingspfalz. Die Reihe deutscher Könige, die in Aachen gekrönt wurden, ist mit 31 Häuptern beträchtlich. Macht viel große Geschichte. Von musealer Erstarrung jedoch keine Spur. Für Umtrieb sorgen die Studenten und Besucher aus dem nahen Ausland. Und als Austragungsort für Reitsportturniere ist Aachen international Spitze.

Seit 1215 liegen die Gebeine Karls des Großen im Karlsschrein: lichtdurchfluteter Chor des Aachener Doms

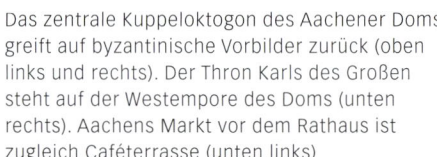

Das zentrale Kuppeloktogon des Aachener Doms
greift auf byzantinische Vorbilder zurück (oben
links und rechts). Der Thron Karls des Großen
steht auf der Westempore des Doms (unten
rechts). Aachens Markt vor dem Rathaus ist
zugleich Caféterrasse (unten links)

Zentrum der Aachener Marktes ist der barocke Karlsbrunnen

Von 936 bis 1806 wurden die römisch-deutschen Könige in der Aachener Pfalzkapelle gekrönt und später von den Reichsfürsten im Aachener Rathaus bewirtet.

Karl der Große bleibt das Maß in der beschaulichen Stadt. Dem mythenumrankten Kaiser, dessen bronzene Reiterstatue im Pariser Louvre steht und dessen Schwert in der Hofburg zu Wien aufbewahrt wird, verdankt Aachen den prominenten Platz in der europäischen Geschichte. Karl herrschte über ein Reich, das von den Pyrenäen bis zu den Westfriesischen Inseln, von Ungarn bis Mittelitalien reichte. In den heißen Quellen der Stadt ruhte sich der Kaiser von den Anstrengungen der Herrschaft aus. Aachen wurde seine Lieblingspfalz und ums Jahr 800 herum Regierungssitz seines Imperiums.

Das Reich zerfiel. Geblieben ist Karls archaisch schlichter Marmorthron im achteckigen Zentralbau des Doms. Hier ließ sich der zum Vordenker eines vereinten Europas verklärte Herrscher krönen, hier starb er und wurde in der Pfalzkapelle beigesetzt. Seit 1881 funkelt das Gewölbe in den satten Gold- und Blautönen eines byzantinisch inspirierten Mosaiks. Mindestens ebenso lange pilgern Touristen aus aller Welt in den Wunderbau des christlichen Abendlands, der als erstes Baudenkmal auf deutschem Boden schon 1978 von der UNESCO zum Welterbe erklärt wurde – noch vor den Pyramiden, worauf man in Aachen besonders stolz ist.

Allein äußerlich spiegelt der Dom Karls grenzübergreifenden Wirkungsgrad wieder. Die Steine, aus denen das grandiose Oktogon errichtet wurde, kann man mit dem bloßen Auge identifizieren. Blauer Haustein aus dem belgischen Maastal wechselt mit cremeblonden Mergelstein aus dem niederländischen Maastricht. Doch selbst im altehrwürdigen Dom, an dem jede Sanierung oder Veränderung von den karlstreuen Aachenern argwöhnisch beäugt wird, sind die Dinge ins Rollen gekommen. Im Schuljahr 2008/2009 hat die Domsingschule erstmals Mädchen aufgenommen, eine Entscheidung von geradezu historischer Tragweite. Denn die Grundschule am Dom bildet die Sänger für den traditionsreichen Domchor aus. Drei Jahre nach dem epochalen Ereignis sang zum ersten Mal in der langen Geschichte des Doms ein Mädchen auf der Kirchenempore mit. Auch bei den großen Feierlichkeiten 2014 zum 1200. Todesjahr des Kaisers, der am 28. Januar 814 gestorben ist, wird der Domchor seinen Platz haben.

AUCH EINE KURSTADT

„Bad Aachen" darf sich Aachen nennen, auch wenn die heutige Bedeutung als Kurstadt nur erahnen lässt, wie bekannt die Stadt für ihre Quellen einmal war. Heilendes Wasser war sogar der Grund

Schon Karl der Große schätzte die heißen Quellen Aachens. Mit seinem Namen schmücken sich die modernen Carolus-Thermen – hier der Ruhepool der Saunawelt

Im Schatten des Doms erinnert Am Hof ein römischer Portikus an den Tempelbezirk zu Römerzeiten

Das Neue Kurhaus wurde 1914 bis 1916 am Aachener Stadtgarten errichtet.
Der neoklassizistische Bau beherbergt heute die Spielbank

für die Gründung der Stadt an dieser Stelle. Kelten und Römer versprachen sich in den warmen Quellen im antiken römischen Militärbad Aquae Granni Linderung von Rheuma – Aqua, das Wasser, Grannus, der keltische Heilgott. Im südwestlichen Stadtteil Burtscheid sprudeln die Quellen mit bis zu 75 Grad und wurden bereits im ersten nachchristlichen Jahrhundert erschlossen. Im Stadtzentrum bauten die Römer zwischen heutigem Katschhof und Domhof die Münstertherme. Am Büchel sprudelt das Wasser um die 50 Grad warm aus dem Boden. Hier stand in der Antike die Bücheltherme. Auch im Mittelalter wurde an beiden Orten gekurt.

Erst im 17. Jahrhundert aber stieg Aachen zum mondänen Kurbad auf. Grund waren die neuen Kuranlagen außerhalb der mittelalterlichen Mauern. Im späten 18. Jahrhundert dann las sich die Gästeliste von Bad Aachen wie ein Who is Who des europäischen Hochadels. Der Herzog von Angoulême kam. König Gustav von Schweden dito, der Erzherzog von Österreich ebenfalls. Fini.

Im feinen Burtscheid und im Kurgebiet Monheimsallee sprudeln die Quellen noch immer, allerdings nur für zahlungswillige Kurgäste oder Wellnesssuchende. Am klassizistischen Elisenbrunnen fließt das schwefelhaltige, ebenfalls über 50 Grad warme Wasser hingegen gratis – und von allen Heilserwartungen befreit – aus bronzevergoldeten Löwenköpfen.

IM QUARTIER LATIN

Jeder sechste Aachener ist Student: Macht im letzten Wintersemester stolze 51 439 Studenten, wovon 37 917 allein an der Rheinisch-Westfälischen Technischen Hochschule, kurz RWTH, eingeschrieben waren. Im campusnahen Quartier Latin reiht sich Kneipe an Kneipe. In der alternativ daherkommenden Pontstraße, der Hauptschlagader des Viertels, kommen Bücherläden und Streetwearshops hinzu. Soweit kein Grund zur Klage, wäre da nicht der

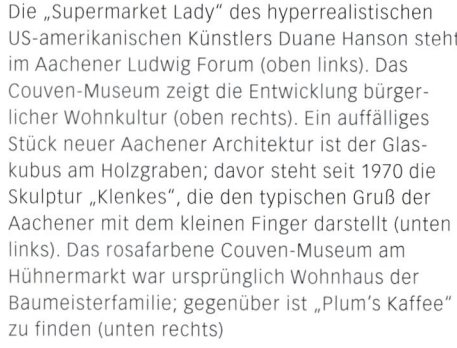

Die „Supermarket Lady" des hyperrealistischen US-amerikanischen Künstlers Duane Hanson steht im Aachener Ludwig Forum (oben links). Das Couven-Museum zeigt die Entwicklung bürgerlicher Wohnkultur (oben rechts). Ein auffälliges Stück neuer Aachener Architektur ist der Glaskubus am Holzgraben; davor steht seit 1970 die Skulptur „Klenkes", die den typischen Gruß der Aachener mit dem kleinen Finger darstellt (unten links). Das rosafarbene Couven-Museum am Hühnermarkt war ursprünglich Wohnhaus der Baumeisterfamilie; gegenüber ist „Plum's Kaffee" zu finden (unten rechts)

Frauenmangel. Nach wie vor treibt es vorrangig männliche Bewerber in die Fakultäten Maschinenwesen, Georessourcen und Materialtechnik oder Bauingenieurswesen. Entsprechend rar sind weibliche Besucher in der Partymeile zwischen Markt und Ponttor. Selbst ein Aachener Bier aus der Privatbrauerei Ortmanns tröstet viele Jungforscher darüber nicht hinweg, der Standortbonus Dreiländereck schon. Maastricht und Lüttich, wo die Geschlechterquote in der Kneipe stimmt, liegen nur einen Katzensprung entfernt.

Aachens Museumslandschaft reicht von barocker Wohnkultur bis zur gegenwärtigen Moderne.

HEITERES ROKOKO

1656 vernichtete ein Stadtbrand die bis dahin mittelalterlich geprägte Stadt. Binnen eines Tages fielen der Feuersbrunst 4664 Häuser zum Opfer. Es sollte ein halbes Jahrhundert dauern, bis Aachen sich von der fast vollständigen Zerstörung wieder erholt hatte, ein weiteres halbes Jahrhundert bis die Baumeister Johann Joseph und Jakob Couven der Stadt ein festlich barockes bis heiter rokokokettes Gesicht verliehen hatten. Der Vater Johann Joseph Couven (1701–1763) stammte aus Lüttich. Sein Wirken fällt in die Zeit, als Aachen zum noblen Badeort von internationalem Ruf aufstieg. Couven prägte die Stadt im von ihm geschaffenen Aachen-Lütticher Rokoko. 1739 wurde er zum Stadtarchitekten ernannt. Zuvor hatte er Mainfranken bereist und sich dort vom florierenden, auf Pracht und Heiterkeit setzenden Spätbarock inspirieren lassen. Vor allem die Abteikirche in Burtscheid belegt die architektonische Verwandtschaft. Außer für die Stadt Aachen baute Couven für den Bischof von Lüttich, so etwa dessen Jagdschloss in Maaseik. Ab Mitte des

Aachens Altstadt scheint ein einziges Straßencafé zu sein – hier der lang gestreckte Platz Am Hof

Aachens Café Van den Daele ist für seine
Gemütlichkeit bekannt

Plum's Kaffee, Deutschlands älteste Kaffeerösterei, wird in Aachen geschätzt

Traditionsreiche Köstlichkeit

4500 Tonnen Printenmasse stellen
Aachens Bäckereien pro Jahr her.
„Aachener Printen", so der offizielle
Name des von der Europäischen
Union als Produkt mit geschützter
geografischer Angabe zertifizierten
Gebäcks, müssen in der Stadt
Aachen selbst sowie in den Nach-
barorten Alsdorf, Baesweiler,
Eschweiler, Stolberg und Würselen
hergestellt sein.

Der Ursprung der Printe ist im
belgischen Dinant, der wohl ersten
Backstätte für das sogenannte Ge-
bildbrot zu suchen. Seit 900 Jahren
werden dort die Couques de Dinant
gebacken, deren Rezept an das
der Aachener Printen erinnert. Und
der Name? Geht vermutlich auf
das niederländische „prenten" oder
englische „print" für Drücken oder
Pressen zurück.

Um den Dom herum machen sich
alle großen Aachener Printenher-
steller mit Boutiquen und Cafés
breit. Knapp zwei Dutzend Betriebe
gibt es in der Stadt, die selbstver-

Printen bei „Klein" in der Franzstraße

ständlich auch auf dem Weihnachtsmarkt vertreten sind. Echte „Öcher"
kaufen die plombenfeindlichen, an
ein würziges Honigbrot erinnernden
Printen jedoch am liebsten bei „Klein".
300 Kilo setzt der Edelprintenbäcker
in seinem bescheidenen Ladenlokal
pro Woche um. In der Adventszeit,
wenn Scharen britischer Touristen
mit dem Eurostar via Brüssel zum
Aachener Weihnachtsmarkt anreisen,
verzehnfacht sich die Menge.

18. Jahrhunderts trat ihm sein Sohn
Jakob zur Seite. Von ihm stammt das
prachtvolle, an ein Schloss erinnernde
Alte Kurhaus an der Komphausstraße,
doch als Jakob Couvens wichtigste
Hinterlassenschaft gilt Haus Monheim
am Hühnermarkt.

Das herrschaftliche Wohnhaus des
Architekten ist heute Couven-Museum.
An der Fassade wechselt blauer Haustein aus Belgien mit lachsrosa Putz.
Hinter den übermannshohen Fenstern
erschließt sich die Welt der einst mondänen Bäderstadt. Fayencen, Pracht-
kamine, Delfter Kacheln, ganze Räume
umspannende Landschaftsbilder und
immer wieder Möbel im Stil des Aachen-
Lütticher Rokokos, allen voran mit
Schnitzereien reich verzierte Vitrinen-
schränke, bringen den Zauber des spät-
feudalen Zeitalters zurück.

STADT IN GRENZLAGE

Im Mai 2013 wurde die Klage eines
Aacheners, der gegen die nur französische Ausschilderung des Namens von
Liège (deutsch Lüttich, niederländisch
Luik) am Europaplatz geklagt hatte,
endgültig abgewiesen. Pech vielleicht
für die vielen Aachenbesucher, die am
großen Kreisverkehr des Europa-Plat-
zes, der direkt auf die Autobahn führt,
nicht immer sofort wissen, welche Stadt
mit „Liège" gemeint ist. In Aachen

Für die Aachener Jecken ist der Umzug am Rosen-
montag unbestrittener Höhepunkt des Jahres. Er
führt durch die gesamte Altstadt und natürlich
auch am Rathaus vorbei

selbst ist der Name der belgischen
Nachbarstadt hingegen in allen grenznahen Sprachen geläufig. Im Dreiländereck Deutschland-Niederlande-Belgien
wird das sprachliche und kulturelle Mit-
einander ganz selbstverständlich gelebt,
etwa bei den Partys und Ausstellungen
im „KuKuK" in der ehemaligen deutsch-
belgischen Grenzstation Köpfchen.

Niederländer und Belgier aus dem
Dreiländereck gehören seit jeher zu
Aachens Stammgästen. Die meisten
kommen zum Einkaufen über die Lan-
desgrenze, die direkt vor der Stadt verläuft. Umgekehrt fahren die Aachener
am Sonntag ins niederländische Vaals,
wo die Supermärkte geöffnet sind. Auch
die Kundenkarte der belgischen Super-
marktkette „Delhaize" steckt griffbereit
in vielen Aachener Portemonnaies.

*Aachen gehörte zu den
ersten Orten, in denen der
Rheinische Karneval
gefeiert wurde.*

Einmal in der Woche fließen die
Warenströme zusammen. Zum Aachener
Dienstagsmarkt rücken die Fischhändler
aus der niederländischen Provinz Lim-
burg an, um auf dem Eisbett kunstvoll
Scholle, Seezunge und Matjes zu
drapieren. Bei Jansen, dem Käsehändler
Aachens schlechthin, stehen die Kunden
Schlange für alten Gouda und kräftig
duftenden Rohmilch-Limburger aus
Belgien. Das Marktangebot erinnert in
seiner Üppigkeit an die Stillleben alt-
niederländischer Meister, die fröhlich
aufgekratzte Stimmung an eine Eck-
kneipe im Kölner Karneval.

Womit das letzte Stichwort gefallen
wäre. Aachen ist Karnevalshochburg.
„Wider den tierischen Ernst" heißt der
Orden, den die Narren während der
Fünften Jahreszeit verleihen. Denn
nicht nur die Nähe zu Belgien aden den
Niederlanden, sondern auch die zum
Rheinland verpflichtet.

Mal Vorreiter, mal Bremser

Aachen ist in Sachen Verkehrsplanung ein unentschiedener Kandidat. In den Achtzigern und Neunzigern galten das Verkehrsleitsystem und die autofreie Altstadt landesweit als wegweisend. Doch 2013 stoppte ein Volksentscheid die „Campus-Bahn": Aus war es mit dem als neuem Wahrzeichen der Stadt angekündigten Jahrhundertprojekt.

Dabei waren sich alle einig gewesen. Eine breite Mehrheit im Stadtrat, die parteiübergreifend CDU, SPD, Grüne und Linke vereinte, befürwortete die wohl gewaltigste verkehrsplanerische Investition der Stadtgeschichte. Allein die Liberalen machten gegen die neue Straßenbahnlinie Front, die Aachen bis zur geplanten Einweihung an die 240 Millionen Euro gekostet hätte – sicherlich kein Pappenstiel für die gut eine Viertelmillion Einwohner zählende Grenzstadt mit ihren chronisch defizitären Haushalten. Im Volksmund hieß die geplante Trasse bereits „Campus-Bahn", weil sie quer über den Wissenschaftscampus der Rheinisch-Westfälischen Technischen Hochschule verlaufen sollte.

Auf Seiten der Hochschule war man selbstverständlich für die Bahn, nicht nur aus Interesse an einer günstigen Verkehrsanbindung, sondern auch im Hinblick auf die technischen Herausforderungen, die das Projekt mit sich bringen würde. Forscher und Absolventen der RWTH, mit über 10 000 Arbeitsplätzen Aachens immerhin größter Arbeitgeber, arbeiten seit Jahrzehnten an zukunftsweisenden Verkehrskonzepten. In den frühen 1990er-Jahren etwa hatte das System-

Busse spielen im Aachener Nahverkehr eine Hauptrolle. Und auch sie sollten im Zusammenwirken mit der „Campus-Bahn" ökologischer werden – als nunmehr batteriegetriebene Fahrzeuge, die ihren Energiebedarf aus der Oberleitung der Bahn „nachtanken"

Aachen setzt im Innenstadtbereich schon lange verstärkt auf öffentlichen Nahverkehr und vor allem aufs Fahrrad

haus CLI mit einem Dutzend Absolventen der RWTH ein Betriebssystem für den öffentlichen Nahverkehr entworfen. Auch in den niederländischen Städten Eindhoven und Den Bosch fuhren die Busse mit CLI-Software. Als die Post im Frühjahr 2013 mit einem Elektroauto-Testprojekt in Bonn nach 60 Jahren erneut verkehrstechnisches Neuland betrat, war die RWTH wieder mit von der Partie. Nachdem erstaunlicherweise kein deutscher Autohersteller zur Mitarbeit bereit war, hat die Hochschule zusammen mit der eher unbekannten Streetscooter GmbH einen Lieferwagen mit Kastenaufbau entwickelt, der die durch die Zustellung verursachten CO_2-Emissionen drastisch verringern soll.

Apropos CO_2: Im Stadtrat engagiert man sich seit Jahrzehnten für eine Verminderung des CO_2-Ausstoßes in Aachen. 1991 startete das Modellprojekt „Fußgängerfreundliche Innenstadt". Bereits 1992 ist Aachen dem „Klimabündnis europäischer Städte" beigetreten, dem mittlerweile rund 1600 Städte und Gemeinden angehören. 1994 folgte die Kampagne „Fahrradfreundliche Stadt". Von 1992 bis 2002 nahm Aachen am Modellprojekt „Ökologische Stadt der Zukunft" teil. 2011 wurde die Stadt mit Pedelec-Verleihstationen am Hauptbahnhof, am Elisenbrunnen und an der Mensa der RWTH versorgt. Und die Ziele bleiben weiterhin ehrgeizig. Aachen will bis 2020 die CO_2-Emissionen im Vergleich zum Basisjahr 1990 um 40 Prozent reduzieren – auch dazu sollte natürlich die neue Straßenbahnlinie beitragen.

Doch die Aachener Bürger waren dagegen und gründeten die Initiative „Campus-Bahn = Größenwahn". Nach deren Berechnungen würde der Unterhalt der Bahn die Stadt trotz vorausgesetzter gesteigerter Fahrgastzahlen jedes Jahr mehrere Millionen Euro kosten. Im März 2013 kam es zum Bürgerentscheid: Zwei Drittel der Wahlbeteiligten stimmten gegen das Projekt. Oberbürgermeister Marcel Philipp musste die „Campus-Bahn" aufs Abstellgleis schieben.

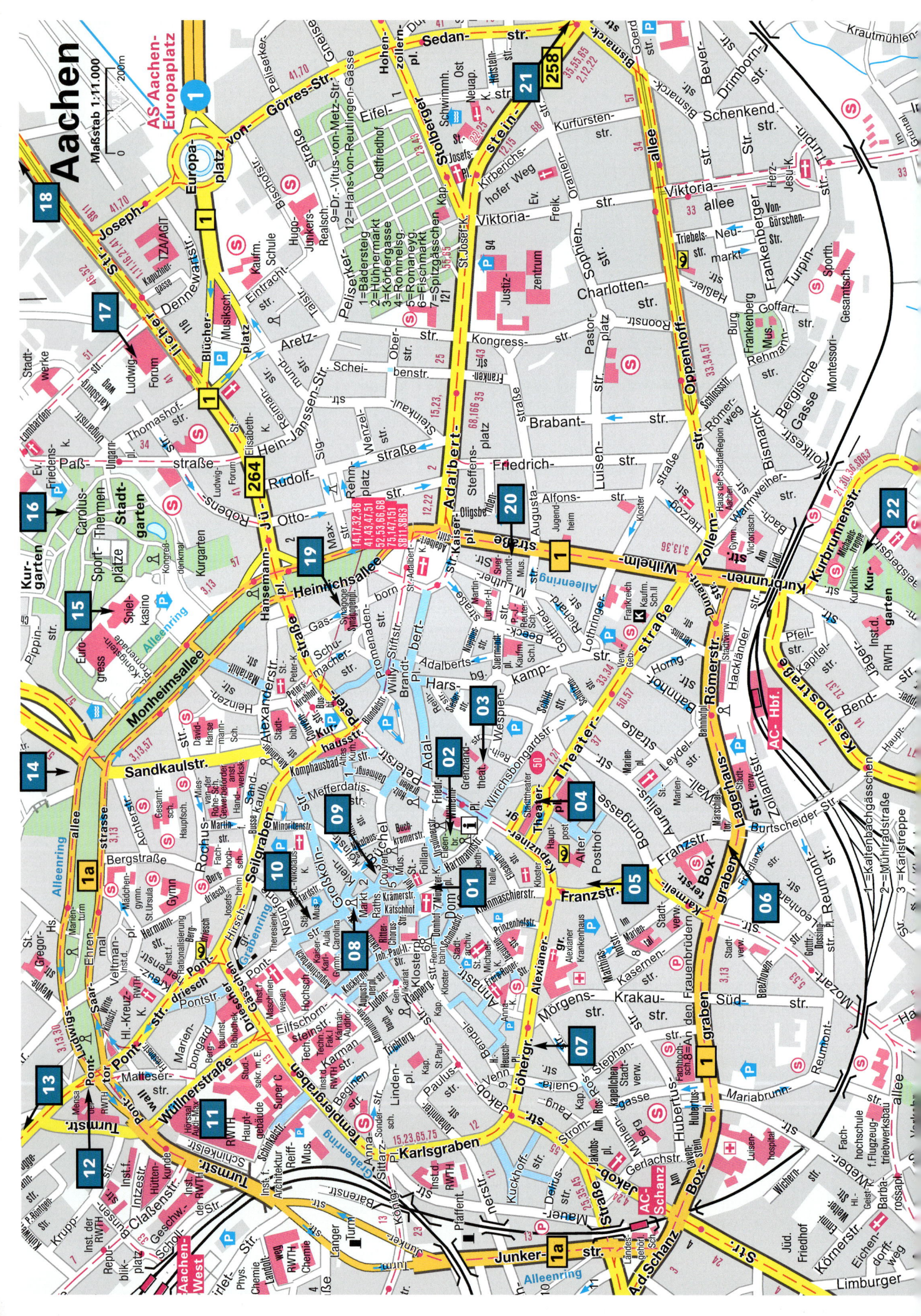

Infos

Alte Stadt, junger Schwung

Der karolingische Dom wurde 1978 als erstes deutsches Baudenkmal in die Unesco-Liste des Welterbes aufgenommen. Beim Rundgang in Deutschlands westlichster Metropole (248 137 Einw.) entdeckt man eine zauberhafte, fußgängerfreundliche Altstadt, deren Shoppingangebot grenzübergreifend attraktiv ist. Wenn die Beine müde werden, bleibt immer noch der Gang ins Wasser. Das moderne Thermalbad bietet herrliche Entspannung.

ALLGEMEIN

Heiße Quellen standen am Anfang. In ihnen erholten sich bereits die Kelten. Im 1. Jh. n. Chr. eroberten die Römer das heutige Dreiländereck. Und gingen ebenfalls ins bis zu 72°C heiße Wasser. Das an den Quellen gegründete Militärbad nannten die Eroberer Aquae Granni. Ob der Stadtname Aachen sich vom lateinischen aquae oder germanischen ahha ableitet, sei dahingestellt. Beides aber bedeutet Wasser, und Letzteres war für die Stadtgeschichte über Jahrhunderte prägend. Die Römer zogen sich um 400 zurück. Mit Karl dem Großen, der Ende des 8. Jh. hier eine Pfalz errichtete, den Grundstein zum Dom legte und ebenfalls ins Wasser stieg, erlebte Aachen eine frühmittelalterliche Blüte. In Karls Nachfolge wurden von 936 bis 1531 über 30 deutsche Könige in der karolingischen Pfalzkapelle gekrönt. Mit der Heiligsprechung Karls des Großen 1165 setzte der Pilgerstrom nach Aachen ein, das fast zeitgleich durch Kaiser Friedrich I. Barbarossa die Stadtrechte erhielt. 1336 wurde Aachen zur Reichsstadt erklärt. 1414 konnte der berühmte gotische Chor des Doms geweiht werden.

In der Neuzeit ging es zunächst bergab: 1531 gab es mit Ferdinand I. die letzte deutsche Königskrönung in Aachen. 1614 wurden die in Handel und Gewerbe kundigen Protestanten aus der Stadt vertrieben. 1656 verheerte ein Brand große Teile der Stadt. Dann erfand sich Aachen als Modebad des 18. Jh. quasi neu und erhielt ein elegantes Stadtbild in Barock-, Rokoko- und klassizistischen Formen.

Nach Abzug der Franzosen, die 1795–1815 über Aachen herrschten, wurde 1818 der Aachener Kongress zur Friedenssicherung in Europa abgehalten. Der Bergbau vor der Stadt und die Gründung der Rheinisch Westfälischen Technischen Hochschule 1865 stärkten Aachens Position als preußischer Wirtschafts- und Forschungsstandort. Als Belgien 1919 durch den Versailler Vertrag die Ostkantone (ehem. Kreise Eupen und Malmédy) zugesprochen bekam, rückte die Grenze bis an die Stadt. 1931 wurde Aachen zum Bischofssitz erhoben. Im Zweiten Weltkrieg erlitt die Stadt schwere Zerstörungen. 1950 erfolgte die Verleihung des ersten Internationalen Karlspreises. Seit 1976 gehört Aachen zur damals gegründeten Euregio Maas-Rhein. 2012 besuchten rund 1 Mio. Menschen den Dom, ein Zehntel davon auch die Domschatzkammer. 2014 gedenkt die Stadt mit mehreren großen Ausstellungen des 1200. Todestags Karls des Großen.

Information

aachen tourist service, Tourist Info Elisenbrunnen, Friedrich-Wilhelm-Platz, 52062 Aachen, Tel. 0241 18 02 96 0, www.aachen-tourist.de

SEHENSWERT

Altstadt

Der **01 Dom ▶TOPZIEL**, ehemals Hof-, Palast-, und Begräbniskirche Karls des Großen, ist seit 1930 Kathedralkirche des Bistums Aachen (Münsterplatz, www.aachendom.de; April–Dez. tgl. 7.00–19.00, sonst 7.00–18.00 Uhr). Das zentrale Oktogon (vor 800) greift auf antike byzantinische Vorbilder zurück. Ein sechzehneckiger Umgang (13./14. Jh.) umschließt den achteckigen Kuppelbau, auf dessen Galerie alle sieben Jahre die Aachener Heiligtümer gezeigt werden (wieder 2021). Die Bronzetore am Westbau stammen aus karolingischer Zeit. Unter der Kuppel schwebt der 1165 von Friedrich I. Barbarossa gestiftete Radleuchter. 1355–1414 wurde die filigrane spätgotische Chorhalle an den Karlsbau gesetzt; dort steht heute der Karlsschrein (1215). Karls Thron auf der Westempore kann nur bei Führungen besichtigt werden (Mo. 11.00, 12.00 und 13.00, Di.–Fr. 11.00, 12.00, 13.00, 14.30 und 15.30, Sa. und So. 14.00, 15.00 und 16.00 Uhr).

Mitte des 14. Jh. entstand aus dem verfallenen Palast Karls des Großen das gotische **08 Rathaus** (Urspr. 14. Jh.; tgl. 10.00–18.00 Uhr). Die Nordfassade prunkt mit Abbildern von 50 Kaisern des Heiligen Römischen Reichs. Innen werden Kopien der Reichsinsignien gezeigt (Reichskrone, Reichsapfel, Stephansburse, Säbel Karls des Großen). Historienbilder aus dem 19. Jh. zeigen im gotischen Reichs- oder Kaisersaal Szenen aus dem Leben Karls des Großen. Dem Bau gegenüber steht auf dem **Markt** der barocke **Karlsbrunnen** (17. Jh.). Auf der Westseite steht am Fischmarkt mit dem **Grashaus** von 1267 der Vorläufer des Rathauses. Prominentester Bau am Markt ist das mit Zinnen bewehrte **Haus Löwenstein**: Das mittelalterliche Bürgerhaus war Treffpunkt der Zünfte.

Wie viele Aachener Plätze ist auch der dem Markt benachbarte **Hühnermarkt** dreieckig. Geprägt wird der Platz von Bauten im Aachener Rokoko, allen voran **Haus Monheim** (1786;

Karl der Große auf seinem Brunnen

Couven-Museum). Den nächsten Platz, **Am Hof**, zieren Bögen eines nachgebauten römischen Portikus. Am **Büchel** erinnert der bronzene Bahkauv-Brunnen (1967) an ein sagenhaftes Quellenungeheuer.

Das **12 Ponttor**, eine Doppeltoranlage mit Urspr. im 13. Jh., ist eins der beiden erhaltenen Stadttore. Vom **06 Marschiertor** blieb nur der Hauptbau erhalten.

Der **11** Hauptsitz der **Rheinisch-Westfälischen Technischen Hochschule** ist ein Neorenaissance-Koloss von 1870, dem das futuristische universitäre Servicezentrum **SuperC** von 2008 architektonisch Paroli bietet.

Kurstadt

Das elegante Säulenrund des klassizistischen **02 Elisenbrunnens** schirmt den 1851 angelegten Elisengarten ab. Viel Grün gibt es auch im ab 1913 angelegten **15 Kurgebiet Monheimsallee**. Als Areal für das damals neu außerhalb der Stadt angelegte Kurareal diente der 1852 von Lenné entworfene **Stadtgarten**. Das Ensemble aus luxuriösem **Kurhotel Quellenhof, Kurmittelhaus** und **Neuem Kurhaus** (heute Casino mit sehenswerter Sammlung moderner Kunst, www.casino-aachen.de) wurde in den 1970er-Jahren um das **Kongresszentrum Eurogress** und 2001 um die modernen **16 Carolus-Thermen** (carolus-thermen. de) ergänzt. Ein zweites, älteres Kurgebiet liegt im Ortsteil **22 Burtscheid**. Rehaklinik, Bäder, Kurgarten und Rheumaklinik werden vom Kuppelgebirge der im Ursprung barocken ehemaligen Abteikirche St. Johann Baptist (um 1755) und der etwa gleichaltrigen wiederaufgebauten Pfarrkirche St. Michael überragt.

Infos

◼ MUSEEN

Die **01 Domschatzkammer** (Johannes-Paul-II.-Straße; April–Dez. Mo. 10.00–13.00, Di.–So. 10.00–18.00, sonst Mo. 10.00–13.00, Di.–So. 10.00–17.00 Uhr) gilt als reichste kirchliche Schatzkammer nördlich der Alpen: Zu bewundern ist sakrale Kunst aus spätantiker, karolingischer, ottonischer, staufischer Zeit, darunter das Lotharkreuz (um 1000), die Karlsbüste (1349), der Proserpina-Sarkophag (3. Jh. n. Chr.). Das **09 Couven-Museum** zeigt bürgerliche Wohnkultur vom Rokoko bis ins Biedermeier. 20 Räume entführen in die Welt an der Wende vom Feudal- zum bürgerlichen Zeitalter (Hühnermarkt 17, www.couven-museum.de; Di.–So. und Fei. 10.00–18.00 Uhr). In noblen Räumen eines Stadtpalais (1888) präsentiert das **20 Suermondt-Ludwig-Museum** mittelalterliche Skulpturen, Malerei der Spätgotik und der Klassischen Moderne (Wilhelmstraße 18, www. suermondt-ludwig-museum.de; Di., Do. und Fr. 12.00–18.00, Mi. 12.00–20.00, Sa. und So. 11.00–18.00 Uhr). Kunst und Kultur der Gegenwart sind im **17 Ludwig Forum für Internationale Kunst** Programm, allen voran

Mittelalterliches Erbe: Aachens Ponttor

amerikanische Pop-Art, deutsche Neue Wilde und russische Avantgarde (Jülicher Straße 97, www.ludwigforum.de; Di., Mi. und Fr. 12.00 bis 18.00, Do. 12.00–20.00, Sa. und So. 11.00 bis 18.00 Uhr). Das **10 Internationale Zeitungsmuseum** illustriert im historischen Haus Rupenstein (1495) mit einer Sammlung von 200 000 Zeitungen aus aller Welt den Siegeszug der Printmedien (Pontstraße 13, www.izm.de; Di.–So. 10.00–18.00 Uhr). Alles über Zöllner und Schmuggler erfährt man direkt an der niederländischen Grenze im **13 Zollmuseum Friedrichs**; es geht um verbotene Souvenirs aus dem Afrikaurlaub und Kaffeeschmuggel in der Nachkriegszeit (nordw. außerhalb des Cityplans; Horbacher Straße 497, www.zoll museum-friedrichs.de; Führungen am ersten und dritten So. im Monat 11.00 und 14.30 Uhr).

◼ UNTERHALTUNG

Das **04 Theater Aachen** präsentiert nicht nur Schauspiel, Tanz und Oper, sondern ist zugleich Bühne eines der ältesten Sinfonieorchester Deutschlands (Theaterplatz, Tel. 0241 478 42 44, www.theateraachen.de). Im **03 Grenzlandtheater** reicht das Repertoire von der klassischen Komödie über modernes Theater bis zum Musical (Friedrich-Wilhelm-Platz 5, Tel. 0241 474 61 11, www.grenzlandtheater.de). Die freie Theaterszene der Stadt besteht aus dem **14 Theater K** in der Bastei (Ludwigsallee 139, Tel. 0241 15 11 55, www.theater-k.de), dem **19 Theater 99/Akut** (Gasborn 9, Tel. 0241 929 09 59, www.akut-theater99.de) und dem

18 Da Theater (außerhalb des Cityplans; Liebigstraße 9, Tel. 0241 16 16 88, www.dasda.de); der bunte Reigen umfasst Kleinkunst, Drama, Kindertheater. Aachener Mundart wird in der **07 Stadtpuppenbühne Öcher Schängche** gepflegt – nichts für „Baselemanes" (Snobs), ganz sicher etwas für Mundartfreunde (Barockfabrik, Löhergraben 22, Tel. 0241 432 74 17).

◼ HOTELS & RESTAURANTS

€€ **Brülls am Dom** ist ein liebevoll geführtes Haus im lauschigsten Winkel der Altstadt. Heimelig der Frühstücksraum mit flämischer Note (**01** Rommelsgasse 2, 52062 Aachen, Tel. 0241 3 17 04). Das €€ **Benelux** gilt als gut geführtes Haus in Fußnähe zur Altstadt. Freundlicher Service und modern eingerichtete, komfortable Zimmer. Clou ist der Dachgarten (**05** Franzstraße 21, 52064 Aachen, Tel. 0241 40 00 30, www.hotel-benelux.de).
Die Location ist ungewöhnlich – das rundum mit Panoramafenstern verglaste Restaurant €€ **Kohlibri** thront auf dem Dach eines Autohauses. Der Blick ist grandios, die Küche französisch-mediterran (**21** außerhalb des Cityplans; Neuenhofstraße 160, Tel. 0241 58 68 500, www.kohl.de; Sa. mittags, So. abends und Mo. geschl., So. 11.00–15.00 Uhr Brunch). €€ **Petit Charlemagne** ist ein stylisches Bistro über zwei Etagen eines noblen 1900er-Geschäftshauses. Moderne, französisch und italienisch inspirierte Bistroküche (**02** Hartmannstraße 12, Tel. 0241 51 56 07 85, www.restaurant-charlemagne.de. So. geschl.).

Tipp

Orte der Verführung

Plum's Kaffee, Deutschlands mutmaßlich älteste Kaffeerösterei wurde 1820 gegründet und bleibt für jeden Aachener der Laden, in dem es die besten Bohnen weit und breit gibt. Zum Sortiment des kleinen, feinen Betriebs gehören der handgepflückte äthiopische Kebado-Sidamo-Kaffee oder der brasilianische Cerrado-Expresso, der mit einer schokoladig-nussigen Note verführt.
Seit 1890 lockt das **Café Van den Daele** mit flämischer Gemütlichkeit und hauseigenen Konditoreikreationen. Der Gründer Leo van den Daele stammte aus Gent und war Spross einer alten belgischen Adelsfamilie. Im Gebäude von 1655 verschachteln sich verwinkelte Räume und Treppenaufgänge, die Aachens stimmungsvollstes Café unverwechselbar machen.

 Plum's Kaffee, Körbergasse 14, Tel. 0241 3 30 29, www.plumskaffee.de; Mo.–Fr. 9.00–18.30, Sa. 9.00–17.00 Uhr.
 Café Van den Daele, Büchel 18, Tel. 0241 3 57 24, www.van-den-daele.de; Mo.–Fr. 9.00–18.30, Sa. 9.00–18.00, So. 10.00–18.00 Uhr

DuMont Aktiv

EINKAUFEN

Für große Warenhäuser, Megastores oder die Filialen internationaler Ketten ist die Aachener Altstadt schlicht zu kleinteilig. Rund um Dom, Rathaus und Elisenbrunnen befinden sich die Haupteinkaufsstraßen. Vor allem in der **Krämerstraße** reihen sich Traditionsgeschäfte. Am **Münsterplatz** vermischen sich Bekleidungsboutiquen und Parfümerien mit den Printenfabrikanten. In der **Pontstraße** ist das Angebot auf eine studentische Klientel zugeschnitten.

Seit 1846 gibt es **Pfeifen Schneiderwind**. Champagner und feine Spirituosen, edle Füllfederhalter und feine Lederwaren ergänzen Pfeifen, Tabak, Cigarillos und Zigarren (Krämerstraße 13, Tel. 0241 3 08 37, www.schneiderwind.de; Mo.–Fr. 9.00–19.00, Sa. 9.00–18.00 Uhr).

Bei **Korb Bayer** ist alles handgefertigt: Einkaufskörbe aus Vollweide, Backschalen aus Peddigrohr, Rosshaarbesen, Rasierpinsel aus Dachshaar, Badebürsten mit Naturborste und Birnenholzgriff (Körbergasse 5, Tel. 0241 3 63 95, www.korbbayer.de; Mo.–Sa. 10.00–18.00 Uhr).

Printen Klein unweit des Marschiertors verkauft seine feinwürzige Backware nicht nur zur Weihnachtszeit. Die Bäckerei bietet auf Anfrage zudem Führungen durch Backstube und Lager (Franzstraße 91, Tel. 0241 47 43 50, www.printen.de; Mo.–Fr. 6.30–18.30, Sa. 6.30–14.00, Mitte Nov.–Weihnachten Sa. 6.30–18.00 Uhr).

VERANSTALTUNGEN

Rheinisch kommt der **Aachener Karneval** daher; medialer Höhepunkt ist die Verleihung des „Ordens wider den tierischen Ernst" (Febr.). Der **Internationale Karlspreis** geht an um die europäische Einigung verdiente Persönlichkeiten (Anf. Juni). Als „Weltfest des Pferdes" rühmt sich **CHIO** – gemeint ist das berühmteste Reitturnier der Welt (Concours Hippique International Officiel, www.chioaachen.de; Juli). Der **Weihnachtsmarkt** genießt ein internationales Renommee (Adventszeit).

UMGEBUNG

Das charmante **Kornelimünster** (6 km südöstl.) schart sich um die 817 geweihte, in ihrer heutigen Fassung gotische Benediktinerkirche. Zur Innenausstattung zählen u. a. Heiligtumskammer und barocker Hauptaltar. In den spätbarocken Bauten der ehem. Reichsabtei zeigt die Staatskanzlei Nordrhein-Westfalen eine Auswahl der Kunstankäufe, die seit 1948 getätigt wurden (www.kunst-aus-nrw.nrw.de; Di. und Mi. 10.00–12.00 und 15.00–17.00, Sa. 15.00–18.00, So. 12.00–18.00 Uhr).

Auf der Route Charlemagne

Mit der „Route Charlemagne" schlägt Aachen den Bogen vom Aufstieg der Stadt im 9. Jh. bis ins 21. Jh. Bei allem Stolz auf die Geschichte versteht sich der Stadtspaziergang als „Weg in die Zukunft", so der programmatische Untertitel.

Seit Anfang 2014 dient das am Katschhof errichtete Centre Charlemagne – Station A des Stadtspaziergangs – als zentrale Anlaufstelle des Rundwegs. Der Katschhof, ein rechteckiger Platz zwischen Rathaus und Dom, markiert das Herz der karolingischen Pfalz, mit Blick auf die kuppel- und türmegespickte Nordseite des Doms – Station C – und die monumentale Rückseite des gotischen Rathauses – Station B. Falls einem die Perspektive bekannt vorkommt: Auf dem Katschhof hält der Träger des

Am Aachener Dom

Karlspreises seine traditionelle Dankesrede an die „Öcher". Die Bilder von François Mitterrand, Angela Merkel oder vom Direktor der Europäischen Zentralbank Jean-Claude Trichet, tauchen Jahr für Jahr in allen Medien auf. Fortsetzung folgt an Christi Himmelfahrt jeden Jahres, dem Tag der Karlspreisverleihung. Schon im 9. Jh. gehörte zur karolingischen Pfalz eine Hochschule. Konsequenterweise verbindet die Route Charlemagne die Altstadt mit dem Campus der Hochschule RTWH. Der Hauptsitz der Hochschule in einem Neorenaissancebau ist seit 1870 der Nabel des Aachener Forschungsbetriebs – und Station F der Route Charlemagne. Als Eyecatcher des Campus aber behauptet sich Station G, das futuristische SuperC. Der kühn über den Templergraben auskragende Bau der Architektinnen Susanne Fritzer und Eva-Marie Pape beherbergt das Servicezentrum der RWTH. Das Foyer ist frei zugänglich: Wer mit dem Aufzug auf die obere Etage fährt, schaut über die gesamte Altstadt inklusive Dom und Rathaus. Mehr Aachenpanorama geht nicht.

WEITERE INFORMATIONEN

Detaillierte Informationen über die Stationen der Route Charlemagne und über die vielen Facetten des Frankenherrschers bietet die Internetseite www.route-charlemagne.eu.

Über Hoch-
moore und
unter Buchen

Im Norden der Eifel macht sich die Nähe zu den städtischen Ballungsräumen Aachen und Köln bemerkbar. In den Dörfern sind die schwarz-weißen Fachwerkhäuser oft perfekt saniert – um als komfortable Wochenend-domizile genutzt zu werden. Die Höhen sind weniger dramatisch als im Süden, die Natur dafür umso überwältigender. Mit den majestätischen Buchenwäldern des National-parks Eifel und der spröden Weite des Hohen Venns locken zwei unvergleichliche Land-schaftsbilder.

Bei Wachendorf erstaunt auf freiem Feld die modern-schlichte Bruder-Klaus-Kapelle

Die Eifel besteht noch aus weiten Waldlandschaften – hier bei Dedenborn (oben).
Der Moorpfad Dahlem ist nur einer im weiten Naturpark Hohes Venn (unten).

Rest unseeliger Zeit: Panzersperren im Hürtgenwald

Das Hohe Venn ist eine karge Landschaft mit intakten Mooren und Heidevegetation

Sonntags im Hürtgenwald. Jogger drehen unweit der „Drei-Kaiser-Eichen" ihre Runde. An der Wehebach-Talsperre haben Ausflügler die Picknickdecke ausgebreitet. Kaum zu glauben, dass in Aachens grüner Lunge, die zum Nationalpark Eifel gehört, kurz vor Ende des Zweiten Weltkriegs grausame Schlachten tobten. Im dünnbesiedelten, 140 Quadratkilometer großen Waldgebiet an der belgisch-deutschen Grenze hatte die deutsche Wehrmacht im Herbst 1944 versucht, den Vormarsch der Alliierten zu stoppen. Noch heute erinnern Panzersperren aus Beton und zerborstene Bunker an das sinnlose Unterfangen. Auf amerika-

nischer Seite nahmen die Schriftsteller Ernest Hemingway und Jerome David Salinger an der für die US-Streitkräfte längsten Schlacht und einer der verlustreichsten des Zweiten Weltkriegs teil. Von Oktober 1944 bis Februar 1945 fielen auf beiden Seiten Zehntausende. Die Zahl der Verletzten ging in ein Vielfaches.

„In Hürtgen gefroren die Toten, und es war so kalt, dass sie mit roten Gesichtern gefroren" schrieb Hemingway später. Sprengfallen in den Bäumen und Artilleriebeschuss hatten den Wald in eine apokalyptische Mondlandschaft verwandelt. Noch viele Jahre nach der deutschen Kapitulation war der Hürt-

genwald wegen der überall versteckten Minen Sperrgebiet. Im Museum Hürtgenwald wird anhand von Fotos und militärischen Exponaten von der „Luftschutz Hausapotheke" bis zum amerikanischen Jeep an das Leid erinnert. Das Motto der Dauerausstellung klingt zuversichtlich: Mitten in der Nacht beginnt der neue Tag.

GROSSE WEITE, WEICHER GRUND

Unsichtbar, aber mitten durch das Brack- und das Mützenicher Venn verläuft die deutsch-belgische Grenze. Beide Moore gehören zum Hohen Venn, einem der ausgedehntesten Hochmoore Europas. Bohlenstege erschließen die

In Monschaus Altstadtgassen lässt sich gut bummeln (oben links). Herausragende Erinnerung an erfolgreiche Zeiten ist das Rote Haus, das im Esszimmer und Treppenhaus großbürgerliche Wohnverhältnisse des 18. Jahrhunderts spiegelt (oben rechts, unten links und unten rechts)

Fachwerk und das Flüsschen Rur säumen Monschaus Marktplatz,
auch eines der touristischen Zentren der Eifelstadt

*Monschaus prächtiges
Stadtbild verdankt das Rur-
Städtchen der Tuchmacherei.
Mit dem Aufkommen von
Baumwolle war es mit dem
Schafwoll-Wohlstand aller-
dings vorbei.*

Moorlandschaft beiderseits der Grenze. Vom Aussichtsturm auf deutscher Seite reicht der Blick über Wildnarzissen-wiesen, eiszeitliche Palsen – Weiher mit ringförmigem Wall –, Wollgras- und Torfmoorflächen. Durchs Poleûr-Venn auf belgischer Seite des Deutsch-Belgischen Naturparks Hohes Venn-Eifel kann man sich führen lassen – die Reservierung im Naturparkzentrum von Botrange genügt.

Rita Braun, die diesseits der Grenze im Eifelstädtchen Simmerath wohnt, übernimmt regelmäßig die Führung. Der kleine Grenzverkehr hat im Hohen Venn Tradition und ist Alltag zwischen deutschsprachigen Belgiern in den Ostkantonen und Deutschen in der Eifel. Die Einundachtzigjährige, seit 1961 aktiv im Eifelverein und seit 20 Jahren diplomierte Naturführerin, pirscht schnellen Schrittes voraus. Pfeifengräser stecken ihre Pilzkopfbüschel zusammen. Flatterbinsen wogen im Wind. Auf einem Tümpel schimmert ein öliger Film in Regenbogenfarben. „Völlig natürlich, die Färbung kommt vom Schwefel, Eisen und den Huminsäuren im Boden", beruhigt die topfitte Pensionärin. Sprach's und ist schon vom sicheren Holzbohlensteg gehüpft, der den Gang übers Hochmoor erst möglich macht.

Ein, zwei Schritte, und der Boden unter ihren Wanderschuhen schwankt bedenklich. Ein paar kräftige Tritte, und die Bewegung geht in ein heftiges Wanken über. Bis zu acht Meter tief reicht die Torfschicht im Poleûr-Venn, das als eine der wenigen Zonen des Hohen Venn ganzjährig frei zugänglich ist. Rita Braun drückt einen Ballen Torfmoos in der Hand zusammen. Schon quillt Wasser in dicken Rinnsalen durch ihre Finger. Das Hochmoor ist ein gewaltiger Schwamm und bedeutet für Ortsunkundige im harmlosesten Fall nasse Füße, im schlimmsten Fall eine tödliche Gefahr.

ARCHITEKTUR-BILDERBUCH

Monschau, du hast es besser. Kriege, Stadtbrände und Sanierungswut sind seit über 300 Jahren am zauberhaften Städtchen vorbeigegangen. Von keinem Betonkorsett eingezwängt, stürmt die Rur mit lautem Geplätscher vorbei an krummen Fachwerkzeilen und hochherrschaftlichen Barockpalais. Fast 300 Häuser stehen unter Denkmalschutz. Nur einer durfte an der Stadt rühren: Christo hat 1971 die Burg hoch über der verschachtelten Dächerlandschaft verpackt.

Bis 1918, als Kaiser Wilhelm II. dem Städtchen seinen heutigen Namen verpasste, hieß Monschau Montjoie, was wörtlich aus dem Französischen übersetzt „Freudenberg" bedeutet. Von Berg

Naturparklandschaft am Obersee bei Einruhr, eine
landwirtschaftlich geprägte Region

Das 1904 erbaute Heimbacher Kraftwerk zählt
zu den intaktesten Industriedenkmälern der
Eifel. Was vor über 100 Jahren als technische
Sensation gefeiert wurde, verzaubert heute
mit der schwungvollen Formensprache des
Jugendstils. Das Kraftwerk produziert
unverändert Strom. Zu den Konzerten des
Kammermusik-Festivals, das seit 1998 in der
Turbinenhalle stattfindet, aber werden die
Maschinen heruntergefahren. „Spannungen"
heißt das Festival in Anspielung auf den Ver-
anstaltungsort

Dreimal am Tag lassen die Falkner der Greifvogelstation Hellenthal
Bussarde, Falken und Adler aufsteigen

freilich keine Spur: Die „Perle der Eifel" drückt sich in eine enge Felsschlucht. Das Wasser der Rur ermöglichte einst den Wohlstand der Bürger. Denn Monschau behauptete sich ab dem 17. Jahrhundert als Tuchmachermetropole. Im 18. Jahrhundert wurde hier aus Spanien importierte Merinowolle in einem aufwendigen Verfahren so perfekt gefärbt, dass die englische und französische Konkurrenz bald das Nachsehen hatte. An die 4000 Arbeiter beschäftigte allein Heinrich Scheibler, Tuchmacher und einst Erbauer des berühmten „Roten Hauses". Das barocke Palais ist einer der unbestrittenen Besuchermagneten von Monschau. Apropos Besucher: Die

Stadt ist auch kulinarisch bestens auf Verehrer eingestellt. Monschauer Senf schmeckt auch dank seiner vielen Geschmacksrichtungen zu jedem Braten, Venn-Brocken – butterweiche Marzipanpralinen – machen die müdesten Stadtwanderer wieder munter, und mit Sahne und frischem Obst gefüllte Dütchen – Eierbiskuit-Tüten – stärken für den Tag.

WASSER, WALD UND WILDNIS

Der Nationalpark Eifel ist der jüngste unter Deutschlands 14 Nationalparks. Seit 2004 wandeln sich unter seinem Schutz die von Menschen geschaffenen Kulturlandschaften der nördlichen Eifel

nach und nach wieder zu Buchen-Urwäldern. Bis in die Spätantike bedeckten Buchenwälder fast ganz Mitteleuropa. Einen Eindruck von der majestätischen Schönheit dieser kathedralhohen Wälder bekommt man im Kermeter, dem Herzstück des Nationalparks. Durch die Anpflanzung junger Buchen gewinnt der Laubwald wieder die Oberhand über Douglasien und andere über die Jahrhunderte eingeführte Nadelhölzer. Über 1300 Käferarten durchkrabbeln wieder den Forst. Und unter den Säugetieren, die hier Schutz finden, gelten die Wildkatzen als besonders selten. Stolz wurden zwei Dutzend der „Eifeltiger" gezählt.

Nördlich von Mechernich liegt am Veybach die Burg Satzvey. Um 1400 entstanden,
erhielt die Burg Ende des 19. Jahrhunderts ihr heutiges Erscheinungsbild

Burg Satzvey ist über das Jahr Ort vielerlei Veranstaltungen. Die Ritterfestspiele im Frühjahr und Herbst werden einer Burg sicherlich am besten gerecht

Wegen seiner strategischen Bedeutung als Verbindung zwischen der Moselregion und Köln am Rhein reihen sich die Burgen – zu denen auch Burg Satzvey mit ihrem filmreifen Aussehen gehört.

Doch der Park heißt auch den Menschen willkommen. Mehrmals wöchentlich führen Ranger gratis auf die Spur von Biber, Schwarzstorch, Milan – mit dem gebührenden Abstand zum belauschten Tier, versteht sich. Und an gleich fünf Nationalpark-Toren werden Besucher mit innovativen Ausstellungskonzepten auf die Natur eingestimmt: Die Ausstellung im ehemaligen Bahnhof von Heimbach etwa entpuppt sich als begehbares Hörspiel im Buchen-Labyrinth.

WASSER FÜR KÖLN

„Dat Wasser vun Kölle es jot" singt die Kölner Mundartband Bläck Fööss – doch das aus der Eifel ist noch besser. Weshalb die Römer das begehrte Nass in einer 90 Kilometer langen Wasserleitung aus dem Mittelgebirge in ihre Gründung am Rhein Colonia Claudia Ara Agrippinensium leiteten. Die erste Quellfassung und damit der Beginn der Leitung liegt in Nettersheim, wo die Brunnenstube aus zum Teil antiken Fundstücken rekonstruiert wurde.

Die Leitung selber taucht knapp 1900 Jahre nach ihrer Errichtung an vielen Orten der Eifel wieder auf. Mal ist es eine weitere Brunnenkammer wie etwa in Kallmuth, aus der die Leitung ebenfalls mit dem begehrten, kalkhaltigen Wasser ergänzt wurde. Mal ist es der

rekonstruierte Teil eines Aquädukts, mit dem wie in Vussem ein Tal überwunden wurde. Mal taucht einfach ein klobiges Stück der aus mit römischem Zement verbundenen Hausteinen errichteten Leitung auf, wie etwa bei Breitenbenden, wo man noch gut die Abdrücke der antiken Holzverschalung in dem Tonnengewölbe erkennt. Zur römischen Wasserleitung kommen weitere Spuren der Antike. So kann man in Nettersheim auch den römisch-gallischen Tempelbezirk Görresburg besichtigen.

WACHOLDER UND ORCHIDEEN

Südlich von Blankenheim zieht ein Naturschutzgebiet Botaniker von weit her in das Lampertstal. Zu den prominentesten Vertretern der ungewöhnlich reichen Flora gehört das Männliche Knabenkraut, die Orchidee des Jahres 2009, erkennbar an der prachtvollen lila Blüte. Der für das Seitental der Ahr typische Magerrasen und der kalkige Boden lassen an den Südhängen zudem den Wacholder prächtig gedeihen. Der „Baum des Jahres 2002" gehört zu den Zypressengewächsen. Der oft säulenförmige Wuchs lässt an der Verwandtschaft keinen Zweifel.

Seidelbast, Tollkirsche, Deutscher Enzian, Küchenschelle, Akelei, Knabenkraut, Blaugras, Mädesüss, Pestwurz

Zur Niederrheinabteilung im Freilichtmuseum Kommern gehört die ursprünglich 1780 in Cantrup errichtete Kappenwindmühle, ein vergleichsweise moderner Bautyp

Mit der Kutsche durch die Eifel im Rheinischen Freilichtmuseum Kommern

Durch den Westerwald im Freilichtmuseum Kommern (oben). Zum gallo-römischen „Heidentempel" gehörte auch ein Mutterheiligtum (unten links). Das 1802 aufgehobene Kloster Steinfeld besitzt mit seiner Basilika einen eindrucksvollen, im Ursprung romanischen Bau (unten rechts)

und Sumpfwurz verwandeln das Lampertstal von April bis Oktober in ein blühendes Pflanzenkonservatorium. Wer sich mehr für die Fauna interessiert, kommt ebenfalls auf seine Kosten. Blindschleiche, Schlingnatter, Zauneidechse, Bergeidechse, Neuntöter, Heckenbraunelle, Feldlerche und Baumpieper sind im 650 Hektar großen Naturschutzgebiet zu Gast. Macht einen mehr als repräsentativen Querschnitt all dessen, was in der Eifel kreucht und fleucht.

„WIR RHEINLÄNDER"

So heißt die große Dauerausstellung im Landesmuseum des Rheinischen Freilichtmuseums Kommern. Alle Regionen der ehemaligen preußischen Rheinprovinz, zu der auch die Eifel gehörte, kommen bei der Zeitreise über eine 150 Meter lange Straße zum Zuge. 50 Nachbauten und ebenso viele Szenarien machen es möglich. Marseillaise, Preußischer Marsch und 1950er-Jahre-Kinderstar Conny Froboess halten musikalisch den Spannungsbogen von der französischen Besetzung 1794 bis zum Wirtschaftswunder.

Draußen gackern derweil die Hühner, blökt der Esel, muht ein Glan-Donnersberger Rind. Denn im „Bergisches Land", am „Niederrhein" oder im „Westerwald/Mittelrhein" geht es zwischen 67 historischen und in der Eifel originalgetreu wiederaufgebauten Häusern sehr lebendig zu. Aus der Backstube riecht es nach ofenwarmem Brot – klar doch, der Bäcker ist am Werk. Der Schmied schlägt auf den Amboss ein. Eine Mausefallenkrämerin verspricht Abhilfe bei Nagetierplagen. So lebendig kann ein Museum sein.

NATIONALSOZIALISTISCHES ERBE

Zeitalter auf Vogelsang

Als Bundeskanzler Helmut Kohl den amerikanischen Präsidenten Ronald Reagan 1985 auf der Bitburger Kolmeshöhe traf, war der Skandal groß: Unter den auf dem Ehrenfriedhof begrabenen Soldaten des Zweiten Weltkriegs liegen auch Angehörige der Waffen-SS. 30 Jahre später bietet die ehemalige NS-Ordensburg Vogelsang einen Ort zur kritischen Auseinandersetzung mit der nationalsozialistischen Vergangenheit.

Die Fackelträgerskulptur in der ehemaligen NS-Ordensburg Vogelsang

Die Ehrung der Toten, die sich mit dem Besuch von Helmut Kohl und Ronald Reagan am 5. Mai 1985 verband, stieß weltweit auf Unverständnis. Auch Angehörige der Waffen-SS hatten in den Konzentrationslagern die Reihen der Bewacher gefüllt. Die Kranzniederlegung ließ vor allem in Amerika die Presseberichterstatter aufschreien. Doch bei näherer Betrachtung entpuppten sich die meisten der 40 unter 2000 gefallenen Soldaten begrabenen Waffen-SS-Mitglieder als blutjunge Verblendete, die mit 17, 18 Jahren ihr Leben für eine längst und zu Recht verlorene Sache ließen. Eine Stele auf der Kolmeshöhe erinnert heute an die Rede von Richard von Weizsäcker zum 40. Jahrestag des Endes des Zweiten Weltkriegs. Der damalige Bundespräsident sprach klar und unmissverständlich von der „Befreiung vom Nationalsozialismus".

ELITÄRES LEBEN AUF VOGELSANG

Mit derselben Geisteshaltung wurde am Urftsee der Umbau der ehemaligen NS-Ordensburg Vogelsang zum „Internationalen Platz vogelsang ip" vorangetrieben. Der erste Spatenstich für die 100 Hektar große Anlage am Nordufer des Stausees war 1934 erfolgt. Von 1936 bis 1939 wurden auf Vogelsang ausgewählte Parteifunktionäre geschult. Bedingt durch den Zweiten Weltkrieg kamen die Baumaßnahmen 1940 zum Stillstand. Ab 1942 beherbergte der gigantomanische Komplex die als Eliteinternat gedachten Adolf-

Die einstige NS-Ordensburg Vogelsang liegt direkt
am Urftstausee

Monumentalität zeigt Vogelsang nicht nur bei den
Außenanlagen wie am Sportplatz, sondern auch
im Inneren, dem Schwimmbad beispielsweise

Hitler-Schulen. 1944 bombardierten die
Alliierten die Ordensburg. 1945 besetzte die
US-Armee Vogelsang. Bis 2005 wurde das
einsame Gelände militärisch genutzt, zunächst 1946 als Truppenübungsplatz des
britischen Militärs, dann ab 1950 als „Camp
Vogelsang" vom belgischen Militär.

NEUANFANG IN DER EIFELEINÖDE
Bis zur Übergabe an die Bundesrepublik
Deutschland durch die belgische Komman-
dantur blieb Vogelsang militärisches Sperrgebiet – fast sechs Jahrzehnte lang. Was aber
tun mit dem monumentalen Bauerbe, das 80
Jahre lang dem öffentlichen Blick entzogen
worden war? 70 000 Quadratmeter Gebäude-
fläche im Denkmalbereich sind kein Pappenstiel, und die politisch heikle Vergangenheit
verlangte nach Fingerspitzengefühl bei
jeder weiteren Nutzung. Die Antwort gibt
das Konzept „Internationaler Platz Vogel-

sang". Es verbindet souverän die kritische
Auseinandersetzung mit der nationalsozialistischen Vergangenheit und die Nutzung
des Geländes als Ausstellungsraum des Nationalparks Eifel.

Um den Neuanfang auch architektonisch
umzusetzen, erfolgte bis 2014 der Bau des
Forums Vogelsang. Dazu gehören neben
einer NS-Dokumentationsstelle inklusive der
Ausstellung „Bestimmung: Herrenmensch"
eine Ausstellung des Nationalparks sowie
der EifelBlick vom 48 Meter hohen Flanken-
turm. Blickfang aber ist ein gläserner, hyper-
moderner Glaspavillon, der das steinerne
Gebäudeensemble aus der NS-Zeit architektonisch durchbricht.

Beim Gang über das weitläufige Gelände
prallen Welten aufeinander. Hier die fes-
tungsartige Einschüchterungsarchitektur des
in den 1930er-Jahren mit der Ordensburg
beauftragten Kölner Architekten Clemens
Klotz (!) mit dem monumentalen Torkomplex.
Dazu der Adlerhof mit markantem Vierkant-
turm, der Sonnwendplatz mit dem fünf
Meter hohen monumentalen athletischen
Fackelträger, das in den Hang gestemmte
Halbrund der „Thingstätte" ... Dort die dagegen schwungvollen Fünfziger-Jahre-Bauten
aus belgischer Zeit, allen voran eine Tank-
stelle und das 850 Plätze bietende Kino mit
Orchestergraben. Schließlich die aktuelle
gläsern-transparente Architektur des Forums,
die einen offenen Umgang mit der brisan-
ten Vergangenheit signalisiert.

INFORMATIONEN

Internationaler Platz Vogelsang ip und Kulturkino
Vogelsang ip, 53937 Schleiden, Tel. 02444 91 57 90,
www.vogelsang-ip.de; Besucherzentrum tgl. 10.00–17.00,
90-minütige Führung Mo.–Sa. 14.00, So. und Fei. 11.00 und
14.00 Uhr

Nationalsozialistische Skulpturensprache im
Adlerhof der ehemaligen NS-Ordensburg
Vogelsang

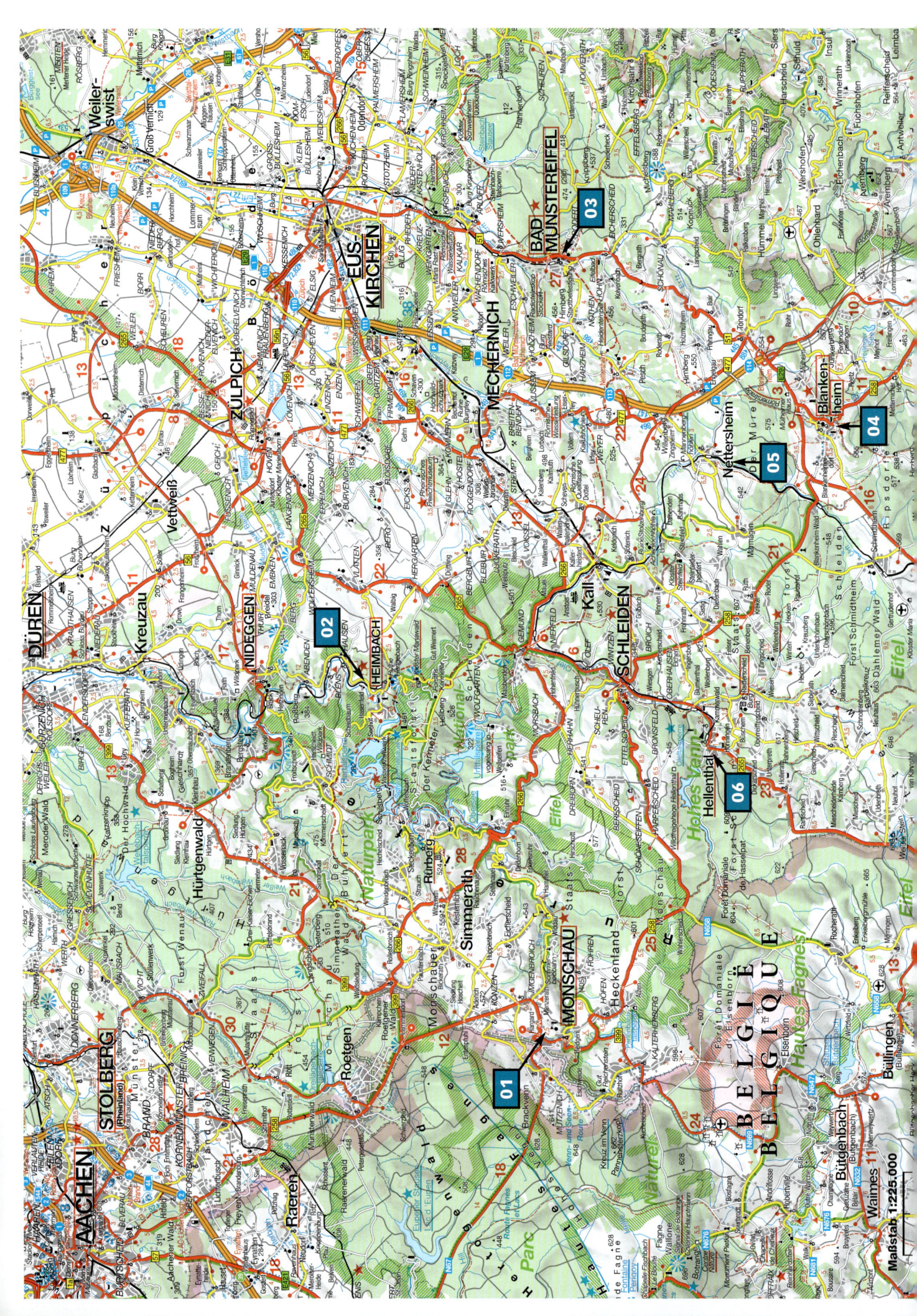

Hinaus in die Wälder

Als Wochenendziel für die nahen Aachener, Kölner und Bonner hat die Nordeifel leichtes Spiel. Die ersten Burgen, Fachwerkdörfer, Wanderwege beginnen quasi vor den Toren der drei Großstädte. Mit den größten Seen der Eifel, dem Nationalpark und dem Hohen Venn verfügt der Norden zudem über gleich drei große Attraktionen.

01 MONSCHAU

Die wildromantische Lage, der an Sehenswürdigkeiten und Baudenkmälern reiche Ortskern und der prall gefüllte Veranstaltungskalender machen's: Das 800-jährige Monschau (12 450 Einw.) hat ganzjährig Konjunktur.

Sehenswert

Von der **Burg Monschau** (weitgehend 14. Jh.; heute Jugendherberge, nur Außenbesichtigung) hat man einen schönen Blick über die **Altstadt ▶TOPZIEL** mit ihren vielgestaltigen Straßen und Gassen. Das **Rote Haus** wurde 1760 als Wohn- und Geschäftshaus des Tuchmachers und Kaufmanns Johann Heinrich Scheibler erbaut; zu den Höhepunkten im original erhaltenen Palais zählen die drei Etagen verbindende freitragende Rokoko-Treppe, das Herrenzimmer mit Bildertapete und die repräsentativen Salons (Laufenstraße 10, www.roteshaus-monschau.lvr.de; Ostern–Nov. Di.–So. Einlass jeweils zur vollen Stunde 10.00, 11.00, 14.00, 15.00 und 16.00 Uhr). 150 Jahre Braukunst passieren im **Brauerei-Museum** Revue – dazu gehört der Besuch des Felsenkellers und des Biergartens (St. Vither Straße 22, www.brauerei-museum.de; Di.–So. 11.00–20.00 Uhr). Senfmüller Guido Breuer produziert in seiner **Historischen Senfmühle** 21 Sorten Senf (Laufenstraße 118, Tel. 02472 22 45, www.senfmuehle.de; Besichtigung April–Okt. Mi. und Fr. 11.00 und 14.00, Verkauf Mo.–Sa. 8.30 bis 18.00, So. 10.00–18.00 Uhr).

Hotels und Restaurants

Den Blick auf die wildromantische Rur und über die Schieferdächer der Altstadt gibt es im **€€ Bürgerhaus** gratis. Und die Zimmer in dem restaurierten Fachwerkbau sind erschwinglich (Stehlings 8, 52156 Monschau, Tel. 0151 19 40 22 57, www.hotel-buergerhaus-monschau. de). Die Besitzer betreiben ebenfalls das **€ Café Hüftgold:** wunderbare Kuchen, Trinkschokolade, Wildgerichte (Stadtstraße 35, Tel. 02472 802 51 01; Mi geschl.). Neben der historischen Senfmühle feiert die Karte des **€€ Schnabuleum** mit Saucen, Chutneys und Krusten die Spezialitäten aus dem Familienbetrieb. (Laufenstraße 118, Tel. 02472 909840, www.senfmuehle.de; Mo geschl.).

Veranstaltungen

Das Open-Air-Festival **Monschau Klassik** bietet auf der Burg Oper, Operette, Musical, Kammermusik (www.monschau-klassik.de; Aug.). Der **Weihnachtsmarkt** lockt an Adventswochenenden in die lichterfunkelnde Altstadt (www.monschauer-weihnachtsmarkt.de).

Umgebung

Ausgedehnte Buchenwälder sind das Kennzeichen des **Hürtgenwalds.** Der Forst lädt zum Wandern im deutsch-belgischen Grenzgebiet ein (www.huertgenwald.de). Die meteorologischen Daten sind zwar ernüchternd: An durchschnittlich 170 Tagen im Jahr werden Niederschläge im **Hohen Venn ▶TOPZIEL** verzeichnet, an 76 Tagen fällt Schnee, an 115 Tagen herrscht Frost. Doch für das unwirtliche Klima entschädigt die unwirklich anmutende Weite des Hochmoors: Über Bohlenstege geht es durch zitterndes Wollgras und über torfbraune Tümpel. Der Deutsch-Belgische Naturpark Hohes Venn-Eifel schützt das Gebiet beiderseits der Grenze (www.naturpark-eifel. de). Geführte Wanderungen durch das Hohe Venn organisiert auf belgischer Seite das Centre Nature/Naturparkzentrum Botrange (Robertville, Route de Botrange 131, Tel. 0032 44 03 95, www.botrange.be).

Information

Monschau Touristik, Stadtstraße 16, 52156 Monschau, Tel. 02472 80 48 0, www.monschau.de

02 HEIMBACH

Kultur und Natur, so lautet das Erfolgsrezept des Luftkurorts am Rursee (4500 Einw.). Denn Heimbach ist zugleich Musikfestivalort und Tor zum Nationalpark Eifel.

Sehenswert

Burg Hengebach (nur Außenbesichtigung) ruht auf einem Fels über der Rur und dem Ort. Die 1904 restaurierte mittelalterliche Anlage beherbergt ein Restaurant mit Terrasse (www.burgrestaurant-kochkunst.de). Zu Füßen der Burg empfängt die **Internationale Kunstakademie;** in der Ausbildungsstätte für Bildende Kunst lehren 52 Künstler aus 15 Nationen Malerei, Videokunst, Bildhauerei … (www.kunstakademie-heimbach.de). Im **Wasser Info-Zentrum Eifel** erfährt man alles über einen der größten Naturschätze der Eifel – das Wasser. Wie man dessen Kraft nutzt, kann man an einer Miniatur-Stauseeanlage ausprobieren (Karl-H.-Kirscher-Platz 1, www.wasser-info-zentrum-eifel.de; Di.–So. 14.00–17.00, Führung So. 14.30 bis 15.30 Uhr).

Das Wasserkraftwerk Heimbach

Das 1904 in Betrieb genommene **Kraftwerk** am Rursee ist ein eleganter Jugendstilbau (Hasenfeld; Führungen auf Anfrage Mo., Do. und Fr. 10.00 und 15.00 Uhr, Tel. 02446 95 04 32 0).

Umgebung

Nideggen (nördl.) gilt als nördliches Tor der Eifel. Die Burg (Urspr. 12. Jh.) über der Rur lockt Besucher mit einem über 60 m langen gotischen Rittersaal, Burgmuseum und Burgrestaurant (www.burg-nideggen.de). Die im Hohen Venn bei Botrange entspringende Rur ist zum zweitgrößten Stausee Deutschlands aufgestaut (knapp 8 km²). Der von steilen Waldhängen gerahmte **Rursee** setzt sich dank Obersee und Urfsee als Seenplatte mit reichem Wassersportangebot fort (www.rureifel-tourismus.de). In der Tiefe der Buchenwälder des Kermeter verbirgt sich die **Abtei Mariawald** (südl.); das Trappistenkloster produziert neben Likör auch Erbsensuppe, Pralinen und Schokolade (www.kloster-mariawald.de). Ebenfalls im **Nationalpark Eifel ▶TOPZIEL** (www.national park-eifel.de; 10 700 ha Fläche) ist das **Forum Vogelsang** zu finden; die einstige NS-Kaderschmiede (siehe S. 52) ist Gedenkstätte und soll bis 2015 zudem Nationalparkzentrum werden.

Information

Nationalpark-Tor Heimbach/Rureifel Tourismus-Zentrale, An der Laag 4, 52396 Heimbach, Tel. 02446 805 79 14, www.heimbach-eifel.de

03 BAD MÜNSTEREIFEL

„Hochschulstadt" ruft es vom Ortsschild, denn die nordrheinwestfälische Fachhochschule für Rechtspflege hat in dem ansehnlichen, im 12. Jh. aus einer Klostersiedlung entstandenen Kneipp-Heilbad ihren Sitz. Seit jüngstem versucht Bad Münstereifel (18 500 Einw.) sein wirtschaftliches Glück als erstes deutsches „City Outlet-Center".

Infos

Tipp

Frühlingserwachen

Ab Ende März verwandelt die Wildnarzissenblüte in den Naturschutzgebieten Perlenbachtal bei Höfen (südl. Monschau), im Fuhrtsbachtal und im oberen Oleftal die Wiesen in ein gelbes Blumenmeer. Die Wildnarzissenwiesen sind ein fragiles Ökosystem. Die NRW-Stiftung unterstützt mit umfangreichen Maßnahmen ihren Schutz. Sie hat inzwischen mehr als 70 ha Land erworben und auf über 35 ha standortfremde Fichtenwälder entfernt, um den lichtliebenden Narzissen einen geeigneten Lebensraum zu schaffen.

Sehenswert

Die vielen Brücken über die Erft verleihen dem Kurort einen besonderen Charme. Von den vier erhaltenen **Stadttoren** (Urspr. 13. Jh.) lohnt das Werther Tor wegen des darin eingerichteten Natur- und Landschaftsmuseums einen Besuch (Mai–Sept. So. und Fei. 14.00–17.00 Uhr). In einem romanischen Haus von 1167 zeigt das **Hürten-Museum** Exponate des 14.–20. Jh., die das Leben der Stiftsherren, die hier einmal zuhause waren, illustrieren (Langenhecke 6; Sa. und So. 11.00–17.00 Uhr). Die auf Hochglanz polierte Einrichtung der ebenfalls zum Museum umgewidmeten **Schwanen-Apotheke** stammt aus napoleonischer Zeit (Werther Straße 13; Di.–Fr. 14.30–17.00, Sa., So. und Fei. 11.00–16.00 Uhr). Das gotische **Rathaus** an der Marktstraße vereint zwei Bauten: links ein Treppengiebel (15. Jh.), rechts ein Untergeschoss mit spitzen Bögen und übermannshohen Figuren an der Fassade (16. Jh.). Die dreischiffige **Basilika St. Chrysanthus und Daria** überragt ein mächtiges Westwerk, flankiert von zwei Rundtürmen aus dem 11. Jh. Unter den herrlichen Fachwerkbauten in der Orchheimer Straße sticht das **Windeckhaus** (1664) wegen des reichen Schnitzwerks hervor.

Umgebung

Das **Rheinische Landesmuseum Kommern** ▶TOPZIEL vereint fünf Baugruppen, die das einstige dörfliche Leben in den Landesteilen von Nordrhein-Westfalen lebendig werden lassen, und das Landesmuseum, dessen Besuchermagnet die Dauerausstellung „Wir Rheinländer" ist. Ganzjährig werden Workshops angeboten, Sonderausstellungen organisiert und thematische oder saisonale Feste veranstaltet (www. kommern.lvr.de; April–Okt. tgl. 9.00–18.00, Nov. und Dez., Febr. und März tgl. 10.00–16.00, Jan. tgl. 11.00–17.00 Uhr).

2007 stiftete der Landwirt Herrmann-Josef Scheidtweiler seinem Heimatort **Wachendorf** (nördl.) die Bruder-Klaus-Feldkapelle (www.feld kapelle.de), errichtet vom international tätigen Schweizer Architekten Peter Zumthor. Entstanden ist mitten auf dem Acker ein Meisterwerk der Moderne, 12 m hoch und von außen aus nacktem Beton. Innen fällt das Licht durch ein Deckenloch in den sich wie ein Vulkantrichter nach oben verjüngenden Raum und lässt die 350 in die raue Innenwand eingelassenen Glaspfropfen schimmern.

Information

Städtische Kurverwaltung, Kölner Straße 13,
53902 Bad Münstereifel, Tel. 02253 54 22 44,
www.bad-muenstereifel.de

04 BLANKENHEIM

Mitten im gut erhaltenen historischen Zentrum entspringt die Ahr. Eine Burg gibt es natürlich auch, Fachwerkhäuser ebenso. Und: Blankenheim (1800 Einw.) ist Karnevalshochburg.

Sehenswert

Ganz in der Nähe der fachwerkseligen Gasse Zuckerberg ist die **Ahrquelle** in einem frei zugänglichen Kellerquellhaus gefasst. Die mehrmals zerstörte **Burg** der Herren von Blankenheim (Urspr. 12. Jh.) wird wiederaufgebaut seit 1936 als Jugendherberge genutzt (www.burg. blankenheim-jugendherberge.de; Burghof zugänglich). Das **Eifelmuseum** ist im historischen Gildehaus (dörfliches Leben im 18. und 19. Jh., Museumsladen mit Eifeler Produkten) und im ehem. Hotel „Zur Post" (Bibliothek) gegenüber untergebracht (Ahrstr. 55, www.eifelmuseum-blankenheim.de; Sommer tgl. 10.00–16.00, Winter Fr.–So. 10.00–14.00 Uhr).

Umgebung

Unweit von Ahrhütte (südöstl.) lohnt das **Lampertstal** einen Wanderabstecher. Auf einer Rundwanderung sieht man Wacholderbüsche und seltene Orchideen – das Tal ist Deutschlands drittgrößtes zusammenhängendes Wacholdervorkommen. Im nahen **Alendorf** wird im Aug. ein Wacholderfest gefeiert (www. wacholderfest.de).

Information

Tourist-Information, Ahrstraße 55,
53945 Blankenheim, Tel. 02449 87 222,
www.blankenheim.de

05 NETTERSHEIM

Das Fachwerkdorf an der Urft (1800 Einw.) trägt den Beinamen „Naturerlebnisdorf".

Sehenswert

Von der Besiedlung durch die Römer künden das Matronenheiligtum Görresburg, ein Stück einer antiken Fernstraße und das Quellbecken Grüner Pütz, aus dem sich die antike Wasserleitung nach Köln speiste (alles frei zugänglich).

Umgebung

Außergewöhnlich gut erhalten ist **Kloster Steinfeld** (westl.), dessen beide runde Westtürme in den Himmel ragen. Die romanische Pfeilerbasilika geht auf das 12. Jh. zurück, deren originale Fresken, barockes Chorgestühl und barocker Altar und König-Orgel kostbare Kunstschätze sind. Der Kreuzgang (1495–1557) besitzt ein quadratisches Brunnenhaus. Die übrigen Abteigebäude sind weitgehend barock. Das von Salvatorianern bewohnte Kloster diente bis vor kurzem als Gymnasium mit Internat (www. kloster-steinfeld.de). Die Geschichte der **Wildenburg** ist mit der des Klosters Steinfeld verbunden: 1715 kaufte die Abtei die Burg und baute den Palas zur Kirche um. Das Tor an der Westseite verschwand, der Wallgraben wurde zugeschüttet, die Fallbrücke durch eine Steinbrücke ersetzt. An der Wehrmauer ent-

In Wachendorfs Bruder-Klaus-Kapelle

stand ein Priorsgebäude samt Bierbrauerei. Die Anlage wird heute als Tagungsort betrieben (www.wildenburg-eifel.de).

Aktivitäten
Das **Naturzentrum Eifel** (Urftstraße 2, Nettersheim, Tel. 02486 12 46, www.naturzentrum-eifel.de) veranstaltet ganzjährig Seminare und Workshops (hauptsächlich für Gruppen), auf denen man erfährt, wie es sich als Maulwurf lebt oder wie unsere Vorfahren ihre Hütten im Wald gebaut haben.

Hotel
Neustart für den 1857 erbauten €€ **Nettersheimer Hof**: Die von der Kölner Filmarchitektin Michaela Schuhmann umgestalteten Designzimmer heißen „Blackberry", „Browney" oder „Basic Green". An einigen Wochenenden wird die Kinoscheune aufgemacht, das angrenzende landwirtschaftliche Museum kann sommers besichtigt werden. Nicht zu vergessen: der Biergarten (Bahnhofsstraße 5, 53947 Nettersheim, Tel. 02486 309, www.nettersheimerhof.de).

Information
Tourist-Information, Urftstraße 2–4, 53947 Nettersheim, Tel. 02486 12 46, www.nettersheim.de

06 HELLENTHAL

Rund um Hellenthal (8300 Einw.) blühen im Frühjahr die Wildnarzissen. Im Westen erhebt sich die knapp 60 m hohe Staumauer der Oleftalsperre: Der Stausee lädt zu Wanderungen ein.

Sehenswert
Greifvogelstation und **Wildfreigehege** sind Heimat von Rotwild, Damwild, Reh, Wildschwein, Mufflon, Luchs und Wildkatze. Für Kinder verlockend sind Streichelzoo oder Indianerdorf. Dreimal tgl. lassen Falkner Bussarde, Falken und Adler aufsteigen – ein tolles Spektakel (www.greifvogelstation-hellenthal.de; April–Okt. 11.00, 14.30 und 16.00, sonst 11.00 und 14.30 Uhr).

Umgebung
Das **Burgdorf Reifferscheid** (Urspr. 12. Jh.; www.reifferscheid-eifel.de), Ortsteil von Hellenthal, ist eine eigene Anreise wert. Stadtmauer, Burgruine, Pfarrkirche, gotisches Stadttor und Fachwerkanwesen machen Reifferscheid zu einem der malerischen Eifeldörfer.

Information
Tourist-Information, Rathausstraße 2, 53940 Hellenthal, Tel. 02482 8 51 15, www.hellenthal.de

Über den Rursee

Die Nordeifeler Seenplatte aus Rursee, Obersee und Urftsee fasst 250 Mio. Kubikmeter Wasser – und ist ein Dorado für jeden Wassersportler. Hinzukommt die Rur selbst: Zwischen Obermaubach und Heimbach lädt der Fluss zum Kanuwandern ein.

Paddler, ob im Kanu, Kajak oder aufrecht stehend auf dem Stand Up Board, sind auf dem Wasser freilich nicht allein. Die Ausflugsschiffe der „Rursee Schifffahrt" – auf dem Rursee sind es die „Stella Maris" und die „Aachen", auf dem Obersee die „Eifel" und die „St. Nikolaus" – schippern von März bis Oktober von Ufer zu Ufer. Zudem haben tausend Segler am Rursee ihren geschätzten Heimathafen.
Neu im Wasserballett von Ausflugsschiffen, Kanus und Segeljollen sind sogenannte Stand Up

Boards. Das Paddeln im Stehen stammt aus Südostasien und hat als neuer Trendsport mittlerweile auch in der Eifel zahlreiche Fans. Am Beach Club Eifel in Eschauel werden sogar romantische Stand-Up-Paddel-Events organisiert: Bei Vollmond geht es vor der Kulisse des coolen Strandclubs hinaus aufs silbrig glitzernde Wasser.

WEITERE INFORMATIONEN

Auskünfte: Rursee-Touristik, Seeufer 3, 52152 Simmerath, Tel. 02473 93 77 0, www.rursee.de. Weitere Informationen auf der Internetseite www.rursee-mein-revier.de mit Angaben zum Wassersport am Rursee, zu Segeln, Surfen, Angeln, Tauchen, Rudern und Schwimmen

Schifffahrt: Rursee Schifffahrt, Schwammenauel, 52396 Heimbach, Tel. 02446 479, www.rursee-schifffahrt.de
Stand Up Paddeln: Beach Club Eifel, Eschauler Weg 99, 52385 Nideggen, Tel. 02474 997 85 74, www.beachclubeifel.de

Land zwischen den Flüssen

Rhein, Ahr und Mosel nehmen die Osteifel in die Zange. Über weite Strecken rollt die Landschaft in sanften Hügeln und endlosen Feldern einher. Dann kracht es kräftig. Die Erde tut sich auf. Im Vulkanpark zwischen Mayen und Mendig brechen Vulkane aus – zumindest in der computeranimierten Demonstration.

Mayschoß mit seiner neuromanischen Pfarrkirche liegt inmitten der Ahrtal-Weinberge

Der Rotweinwanderweg im Ahrtal führt auch in Mayschoß
mitten durch die Weinberge

Schönes Umfeld für Weinproben: historischer Keller der Winzergenossenschaft in Mayschoß

Alles Schaffen im Weinberg ist besonders in Zeiten der Lese harte Knochenarbeit – vor allem in steilen Lagen wie denen bei Walporzheim

Trotz seiner nördlichen Lage kann das Ahrweingebiet dank seines Mikroklimas mit besonders guten Qualitäten aufwarten.

Zunächst die gute Nachricht: 1500 Sonnenstunden im Jahresmittel und wärmespeichernde Schieferhänge bilden an den Hängen und Steilterrassen der Ahr beste Voraussetzungen für Spät- und Frühburgunder, Portugieser, Dornfelder und Domina. Das Klima ist so ungewöhnlich warm, dass an die 85 Prozent aller Weinberge am Fluss mit Rotweinsorten bepflanzt sind. Mit nahezu zwei Dritteln aller Reben ist der Spätburgunder König. Die Einzellagen sind teils sehr klein: Mit 0,68 Hektar gilt die „Walporzer Gärkammer" sogar als kleinste Einzellage Deutschlands. Womit wir zur schlechten Nachricht kommen: Zum Bedauern aller Rotweintrinker umfasst das Anbaugebiet an der Ahr nur rund 540 Hektar. Entsprechend flott sind manche Jahrgänge ausverkauft.

Die Qualität der Rotweine kann international mithalten. 2008 kürte das britische Weinmagazin Decanter einen Spätburgunder vom Dernauer Weingut Meyer-Näkel zum besten Spätburgunder der Welt. Werner Näkel war der Wegbereiter einer wahren Rotweinrevolution im deutschen Weinbau. Mit Ahr-Winzern seines Formats, zu dem auch der 2013 früh verstorbene Jean Stodden zählte, hielten das Barriquefass und Blanc de Noir, einen aus roten Trauben gekelterten weißen Wein, Einzug in hiesige Keller. Die Skala ist auch bei den international erfolgreichen Spitzenwinzern von der Ahr breit gefächert. Ein süffiger „Us de la Meng" von Meyer-Näkel ist im Supermarkt für um die zwölf Euro zu haben, ein Spätburgunder „Alte Reben" von Jean Stodden zählt mit beachtlichen 150 Euro zu den teuersten deutschen Weinen.

Neben dem halben Dutzend im Verband Deutscher Prädikatsweingüter organisierter Winzer an der Ahr, die mit Spitzenweinen und in guten Jahren mit „Großen Gewächsen" brillieren, gibt es ebenfalls eine Reihe von Weingütern im das Portemonnaie schonenden Mittelfeld. Die Winzergenossenschaft Mayschoß-Altenahr gehört zweifelsfrei dazu. Deutschlands älteste Winzergenossenschaft, 1868 gegründet, lockt mit Besichtigungsmöglichkeit der historischen Gewölbekeller, einem Weinmuseum und natürlich mit Weinproben im schicken Verkaufsraum.

RHEINISCHE ROMANIK

Erhabener kann die Lage kaum sein. Über dem Laacher See erhebt sich seit 800 Jahren die sechstürmige Silhouette der Abteikirche Maria Laach, die zu den Höhepunkten der Romanik im Rheinland zählt. Am Westwerk beeindruckt das „Paradies", eine kreuzgangähnliche Vorhalle mit reich verzierten Kapitellen.

Der Winzerort Ahrweiler zeigt in seinem Zentrum noch viele traditionelle Bauten – in der Arhutstraße beispielsweise (links) und am Marktplatz das barocke Alte Rathaus (rechts)

Über 50 Jahre war Bad Neuenahr Bundeswehrstandort. Seit Ende 2013 sind Uniformen nunmehr Ausnahme im Straßenbild – wie hier vor dem Kurhaus

Blankenheims Ortsbild wird von der über 800 Jahre alten Burg beherrscht, heute eine stimmungsvolle Jugendherberge.
Interessant ist der Ort auch durch die Ahrquelle – der Fluss entspringt im Kellergewölbe eines Fachwerkhauses

Das cremefarbene Steingebirge steht im farblichen Kontrast zum dunklen Laacher See, der vulkanischen Ursprungs ist. Auch die Sinziger Pfarrkirche St. Peter steht an prominenter Stelle – über der Mündung der Ahr in den Rhein. Der rot-weiß gefasste Bau gilt als Paradebeispiel der rheinischen Staufer-romanik. Der Chor verweist mit deutlichen architektonischen Parallelen nach Münstermaifeld, wo ab 1225 mit dem Chor des Münsters St. Martin und St. Severin begonnen wurde. Abgesehen vom Westwerk, das von einem Vorgängerbau aus dem späten 11. Jahrhundert übernommen wurde, kündigt sich bei Langhaus und Querschiff be-

reits der Übergang zur Gotik an. Die ganze Bandbreite der rheinischen Romanik wäre damit in diesen drei Bauwerken abgedeckt.

ALLE MANN UNTER DIE ERDE!

In der Eifel sollten zwei Atombunker im Falle eines nuklearen Gaus den Fortlauf der Regierungsgeschäfte garantieren. Der Regierungsbunker im Ahrtal war für die Bundesregierung, der Ausweichbunker bei Kall-Urft für die Landesregierung von Nordrhein-Westfalen vorgesehen. Heute dienen beide als Ausflugsziele.

Bei der Besichtigung wird eins sofort klar. So idyllisch hätte man den Ernst-

fall auch gern verbracht: Über den Stollen des ehemaligen Regierungsbunkers steigen die Reben sanft an. Einen Steinwurf entfernt duckt sich die Klosterruine Marienthal in ein enges Seitental der Ahr. Der Ernstfall trat glücklicherweise nie ein. Die Regierung zog vom nahen Bonn ins ferne Berlin. Zurück blieb der Bunker in den Reben, der auf 203 Metern Länge als „Dokumentationsstätte Regierungsbunker" besichtigt werden kann. Hinter dem Eingang aus rotbraunem Stahl und nacktem Beton verbergen sich 25 Tonnen schwere Tore, eine Kommandozentrale, die aus einem Science-Fiction-Film der 1970er-Jahre zu stammen scheint, Schlafsäle mit ein-

„Im Namen der Rose" lässt grüßen – Maria Laach
war mit seiner Bibliothek schon immer ein Zentrum
geistigen Lebens und mit seiner Abteikirche ein
herausragendes Beispiel rheinländischer Romanik

Seit 855 gibt es ein Gotteshaus in Sinzig. Die heutige Stadtpfarrkirche St. Peter wurde in der ersten Hälfte des 13. Jahrhunderts errichtet und 1863/1864 restauriert. Eine Sehenswürdigkeit ist der Hochaltar von 1480

fachen Feldbetten sogar für Minister und hohe Staatsbeamte – allein für den Bundespräsidenten war ein eigener Schlafraum vorgesehen.

Der Ausweichsitz der Landesregierung Nordrhein-Westfalens wurde in den 1960er-Jahren unweit des Klosters Steinfeld in der Nähe des Eifeldorfs Urft gebaut. Über fast 30 Jahre lang wurde er betriebsbereit gehalten. Und auch seine Existenz unterlag strengster Geheimhaltung. Zentrale Türsteuerung in Mausgrau und Pumpen in Industriegrün versprühen auch hier den sachlich-spröden Charme des Kalten Kriegs. Familie Röhling, die heutigen Besitzer, sorgt dafür, dass alles beim Alten bleibt und auf Führungen zu besichtigen ist.

DREI FARBEN, DREI STEINE

Schwarz, beige und rot sind die Orte der Osteifel, so wie die Steine der Region: Basalt, Tuff und Krotzen. Orte wie Mendig oder Bell kommen düster und unverwüstlich daher, und zeugen vom reichen Basaltvorkommen vor ihren Toren. Tuffsteinblond ist hingegen Weibern mit Tuffsteinbrüchen direkt am Ortsrand. Dort zeigen die örtlichen Steinmetze mit dem „Weiberner Schaufenster" in einer Art Open-Air-Leistungsschau, was sie können: Kamine, Fensterstürze, Säulen. Wehr hat von allen drei Farben etwas. Krotzen, Lavaschla-

cken, ergänzen den Farbdreiklang um rote Töne. Im „roten" Boos wurden hingegen die meisten Häuser und Ställe aus Krotzen, porösen Lavaschlacken, gebaut.

FRUCHTBARER BODEN

Rund um Münstermaifeld zeigt sich die Eifel als bunter Flickenteppich aus Getreide- und Kartoffeläckern bis zum Horizont. Die fruchtbaren Böden gelten als Heimat der besten Kartoffeln weit und breit. Überall kann man „Maifelder Kartoffeln" direkt vom Hof kaufen. Im Herbst setzen Restaurants die Erdäpfel auf die Karte, und das Kartoffelfest in Mörz lockt Massen. Jetzt sollte man herfahren! Denn im Herbst, wenn alle Kartoffeln ausgegraben, Weizen und Gerste abgemäht sind, erinnert die 400 Meter über Normalnull gelegene Hochebene an eine afrikanische Savanne. Die weit verstreuten Höfe sehen aus der Ferne wie Farmen aus, die fahlgoldenen Stoppelfelder wie eine Steppe. „Eifelsteppe" wird das Maifeld im Volksmund auch genannt.

Weithin sichtbar ragt das Münster von Münstermaifeld auf und beherrscht mit seinem zinnengekrönten Westwerk aus dem 12. Jahrhundert das Städtchen, eine echte Burg Gottes mit reicher Ausstattung am weiten, kopfsteingepflasterten Vorplatz. Im Schatten des Martin

und Severus geweihten Münsters gedeiht Nostalgie auf fruchtbarem Boden. Den zu bestellen hat sich Wilhelm Kirschesch zur Lebensaufgabe gemacht. Der Direktor des „Erlebnis-Museums" in der alten Propstei sammelt Alltagsgegenstände aus dem 19. und 20. Jahrhundert. Im Museum hat er aus seinem Fundus einen Damenhutladen, einen Kolonialwarenladen, einen Frisörsalon und vieles mehr originalgetreu ausgestattet. Eine im Ortskern zu besichtigende, 1937 geschlossene ehemals jüdische Metzgerei dient als Außenstelle. Ganz zu schweigen vom „Nostalgikum" in Uersfeld, dem Geburtsort von Herrn Kirschesch, wo eine Kneipe im sepiabraunen Ton der 1950er-Jahre inklusive Münzfernseher und Music Box eingerichtet ist. Das Dorf liegt allerdings nicht mehr auf dem Maifeld. Einerlei.

VIER BURGEN AUF EINEN SCHLAG

Vielleicht liegt es an der versteckten Lage tief im Nettetal, doch wahrscheinlich hat es eher am Verhandlungsgeschick seiner Bewohner gelegen, dass Schloss Bürresheim als eine der wenigen rheinischen Herrensitze nie gewaltsam zerstört wurde. Die märchenhafte Burg wurde im Laufe der Jahrhunderte zum komfortablen Schloss umgebaut, bewahrte sich jedoch dank wuchtiger Türme, Fachwerkaufbauten und Burg-

Burg Eltz ist eine sogenannte Ganerbenburg, die sich mehrere Adelsfamilien teilten. Bei einer Burgführung ist der Rübenacher Obersaal, das Schlafgemach der Rübenacher Linie, mit einem eigenen Kapellenerker zu sehen

Das Schreibzimmer im Rübenacher Haus der Burg Eltz erhielt seine Ausstattung 1881

An den Rübenacher Obersaal schließt auf Burg Eltz dieses Ankleidezimmer an.
Die Wandmalereien gehen auf das 15. Jahrhundert zurück

hof einen wehrhaften Charakter – zu dem der Barockgarten einen zauberhaften Gegensatz bildet.

Burg Pyrmont hatte weniger Glück. Nach dem Einzug der Franzosen in der Eifel zu Beginn des 19. Jahrhunderts begann der Abbruch. Doch die Ruine wurde vor 50 Jahren nach und nach wieder aufgebaut. Zusammen mit der Pyrmonter Mühle bildet auch diese Burg ein romantisches Ensemble.

Die Burg der Burgen aber bleibt Eltz. Wie ein Manhattan des Mittelalters steigt die seit 1157 beurkundete Anlage aus der Tiefe des Elzbachtals empor. Das Auge tastet Stockwerk um Stockwerk ab, bleibt an Türmen, Erkern, am

romanischen Bergfried hängen – der himmelstürmende Bau ragt auf einem Felssporn im Bett der Elz bis zu 70 Meter auf.

Vergleichsweise bescheiden nimmt sich im Vergleich da die Genovevaburg in Mayen aus. Doch es reicht, um die Altstadt zu beherrschen und die Sammlungen des Eifelmuseums zu beherbergen.

EIN VULKAN GEHT HOCH

Zwischen Mayen und Mendig tut sich die Erde auf. Eine Landstraße verläuft auf einem schmalen Grad. Wer den Blick nach links oder rechts schweifen lässt, sollte schwindelfrei sein: Bis zu 30

Meter tief geht der Blick an den Basaltklippen der Ettringer Lay in die Tiefe. An den Rändern ragen rostige Kräne in den Himmel. Holzkabinen stehen gefährlich nah am Abgrund. Ein rostiges Grubenbahngleis verläuft durchs Gras. Die klaffende, von Brombeersträuchern, mageren Birken und krautigem Gras nach und nach für die Natur zurückeroberte Grube ist nur einer von gut zwei Dutzend Besichtigungspunkten des Vulkanparks mit Sitz am Rauscherpark bei Saffig. Das dortige Informationszentrum ist zugleich das Tor zum Vulkanpark. Computeranimationen und Filme ermöglichen es, sozusagen live bei einem Vulkanausbruch dabei zu sein.

Burg Pyrmont (rechts) verbindet acht Jahrhunderte. Die mittelalterliche Burg wurde zu Beginn des 18. Jahrhunderts zum Schloss umgebaut und nach der Franzosenzeit im 19. Jahrhundert zur Ruine. Erst
nach dem Zweiten Weltkrieg begann der Wiederaufbau. Bis heute
dominiert das Mittelalter das Elztal mit der Pyrmonter Mühle, heute
ein Landgasthof. Auch die ursprünglich spätgotische Genovevaburg in
Mayen (oben) hat eine wechselvolle Geschichte und vielerlei Umge-
staltungen hinter sich. Heute beherbergt sie das Eifelmuseum

Mittelalterliche Burgen, viel Fachwerk und munter rauschende Gewässer prägen allerorten das Bild der Eifel.

Auch Monreal mit seinen Fachwerkbauten am Oberlauf der Elz wird von mittelalterlichen Festungsbauten überragt – hier die Philippsburg

An der Ettringer Lay flossen vor 200 000 Jahren Lavaströme. Heute gehört die bis zu 30 Meter tiefe und gern von Kletterern genutzte Abbaugrube zum Vulkanpark

Auch das Tuffsteinzentrum Weibern ist ein Projekt des Vulkanparks

Special   FILMDREHORTE IN DER REGION

Ein Fall für den Location Guide

Wo, bitte, geht es nach Hengasch? Das Dorf, in dem die Krimiserie „Mord mit Aussicht" spielt, ist auf keiner Karte zu finden. Auch das Navi schweigt.

Ein Anruf beim „Eifel Tourismus" reicht – die Serie wurde an verschiedenen Orten gedreht. In Kallmuth steht die Polizeiwache, in die die aufmüpfige Kommissarin aus Köln strafversetzt wird. Seit „Der Bulle und das Landei" – in der Hautrolle Uwe Ochsenknecht – im fachwerkseligen Monreal gedreht wurde, bekommt man an Wochenenden zwischen Burgruine und den malerischen Gassen keinen Fuß aufs Kopfsteinpflaster. Teile von „Die Päpstin" wurden in Schmidtheim gedreht, der RTL-Zweiteiler „Der Vulkan" zum Teil am Laacher See; als Kulisse für das fiktive Lorchheim diente Bad Münstereifel. Die Entdeckung der Eifel als Drehort ist noch jung. Ein Büro vermittelt hier Drehorte, im Saarland, in Ostbelgien, Luxemburg oder Lothringen.

Seit Jahrtausenden wird in der Region das durch die entfesselten Kräfte des Vulkanismus entstandene Gestein – der überaus feste Basalt und der bei Steinmetzen beliebte feinkörnige Tuff – abgebaut. In Mayen erfährt man im hypermodernen Terra Vulcania mehr darüber – wieder live dank Computeranimation und Zeichentrickfilm. Die Ersten, die lukrative Tuffvorkommen im großen Stil ausbeuteten, waren die findigen Römer. Im Tal des Krufter Bachs ist ein Teil des antiken Abbaugebiets mit einer gläsernen Halle überdacht. Was die fachkundigen Steinmetzen des ersten nachchristlichen Jahrhunderts aus diesem Gestein schufen, zeigen anschaulich römische Grabmäler bei Nickenich und Ochtendung.

In Monreal auf den Spuren des Bullen und des Landeis

Auf Traumpfaden

*Premiumwandern gilt als touristisches Gebot der Stunde. Mit perfekt
beschilderten Rundwegen, flottem Logo, verlockenden Einkehrmöglichkeiten, viel Natur und möglichst wenig Asphalt lässt sich eine junge,
aktive Klientel ansprechen, die bei Unterkunft und Einkehr gern ein
wenig tiefer ins Portemonnaie greift.*

Der „Monrealer Ritterschlag" endet zwangsläufig in der gemütlichen Fachwerkstadt (oben). Vorher musste allerdings die Löwenburg passiert werden (links)

Das Modell für die Traumpfade lieferte der 2006 eröffnete Rheinsteig. Nach dem Beispiel dieses Fernwanderwegs oberhalb des Rheins entstanden zwischen Rhein, Mosel und Eifel 26 Traumpfade, bei denen Genuss Vorrang vor Kilometerfressen hat.

Jeder Traumpfad ist ein Rundwanderweg, und entspricht damit den Anforderungen, die Dr. Rainer Brämer formuliert hat. Der Physiker und Dozent an der Marburger Universität, wo er das Deutsche Wanderinstitut mitgründete, leitete in den 1990er-Jahren mit dem Rothaarsteig eine Trendwende in Deutschlands Wandergewohnheiten ein. Intensiver Naturgenuss, intelligent erarbeitete Routen verschiedener Länge und unterschiedlicher Schwierigkeitsgrade, speziell auf Gelegenheitswanderer zugeschnitten, das sind die Merkmale der Traumpfade. Ein auf Nachhaltigkeit achtendes Wegemanagement, abwechslungsreicher Wegeverlauf, fußfreundliche Wegebeschaffenheit und unberührte Landschaften bürgen für Wanderfreude.

Alle drei Jahre wird jede Strecke vom Deutschen Wanderinstitut auf Stock und Stein überprüft. Der Kriterienkatalog zur Erlangung des begehrten Deutschen Wandersiegels ist lang. Schöne Wälder und Wiesentäler müssen eingebunden sein, Naturattraktionen wie Schluchten, Hohlwege, Baumveteranen den Weg säumen. Ortsdurchquerungen dürfen nur über ansprechende Passagen führen. Als Rastmöglichkeiten stehen Traumpfade-Sofas, rückenfreundliche, breite Holzliegen in Wellenform, bereit.

Der Erfolg ist phänomenal. Allein 2012 begaben sich 230 000 Wanderer auf die Traumpfade. Tendenz seit Jahren steigend. 5500 Facebook-Fans beweisen, dass das Kon-

Immer nach dem Traumpfade-Motto: An Rhein, Mosel und in der Eifel – es gibt viel zu entdecken!

zept sich souverän von altbackener „im Frühtau zu Berge"-Wanderlust abgesetzt hat. Gleich zwei Traumpfade wurden von den Lesern des „Wandermagazins" zu „Deutschlands schönstem Wanderweg gewählt". 2011 war es der „Monrealer Ritterschlag", zwei Jahre später der „Eltzer Burgpanorama".

Vom Monrealer Alten Rathaus geht es durch den Fachwerkort und über die Untere Schlossbrücke hinaus in die Eifelnatur: „Monrealer Ritterschlag"

Genug der Theorie, und Zeit für eine Probe aufs Exempel, für die wir uns den „Monrealer Ritterschlag" ausgewählt haben. Der Traumpfad beginnt im schönsten Dorf der Eifel, ach was, von ganz Rheinland-Pfalz. Gleich mehrfach hat Monreal den Titel gewonnen. Zwischen Burgruine und den malerisch am Elzbach aufgereihten Gassen beginnt der „Monrealer Ritterschlag" am alten Pfarrhaus. Los geht's.

Die 13,7 Wanderkilometer bürgen mit zwei Burgruinen gleich zu Anfang für ein gerütteltes Maß Romantik. Später sind lauschiges Elztal, satte Weiden, verbummelte Mühlenanwesen und ein erstes Traumpfade-Sofa am Juckelberg mit grandiosem Ausblick Höhepunkte. Sich verlaufen? Geht nicht, denn das orangefarbene, schwungvolle Traumpfad-Logo weist einen noch im finstersten Wald zum richtigen Abzweig.

Die Route führt kurz vor ihrem Ende unweigerlich zum Schnürenhof und damit zu Uschi Ludwig. Der Hofladen, in dem die Landwirtsgattin Rindfleisch, Wurst, Frischmilch, Obstbrände vom eigenen Hof oder von befreundeten Eifelhöfen anbietet, diente übrigens in der ersten Folge von „Der Bulle und das Landei" als Dorfmetzgerei. Stolz zeigt Frau Ludwig Autogramme von Uwe Ochsenknecht alias Großstadtbulle Killmer und Diana Ampft alias Dorfpolizistin Kati Biver. Fortsetzung folgt? Uschi Ludwig verweigert die Aussage. Macht nichts. Es war ein perfekter Tag.

INFORMATIONSSTELLEN

Projektbüro Traumpfade: Rhein-Mosel-Eifel-Touristik, Bahnhofstraße 9, 56068 Koblenz, Tel. 0261 10 84 19, www.traumpfade.info. Der 68-seitige „Tourenguide – 26 Traumpfade" stellt alle Traumpfade an Rhein, Mosel und in der Eifel vor, inklusive kurzer Wegbeschreibungen mit Kartenskizzen, Höhenprofilen und vielen Daten und Fakten (erhältlich beim Projektbüro). Zudem gibt es gratis eine Übersichtskarte mit allen 26 Traumpfaden und ein Gastgeberverzeichnis.

Traumpfad Förstersteig: Tourist-Information Mayen, Altes Rathaus am Markt, 56727 Mayen, Tel. 0265190 30 04, www.mayenzeit.de
Traumpfade Heidehimmel Volkesfeld, Vier-Berge-Tour, Waldseepfad Rieden: Verbandsgemeinde Mendig, Rathaus, Marktplatz 3, 56743 Mendig, Tel. 02652 98 00 0, www.ferienregion-mendig.de
Traumpfad Pellenzer Seepfad: Verbandsgemeinde Pellenz, Breite Straße 40, 56626 Andernach, Tel. 02632 29 94 44, www.pellenz.de
Traumpfade Bergheidenweg, Booser Doppelmaartour, Vulkanpfad, Virne Burgweg, Wacholderweg, Wanderather, Monrealer Ritterschlag, Hochbermeler: Touristik-Büro der Verbandsgemeinde Vordereifel, Kelberger Straße 26, 56727 Mayen, Tel. 02651 80 09 59, www.vordereifel.de

Anzeige

NÜRBURGRING
ENTDECKE DEN MYTHOS IN DIR!

TICKETS & GUTSCHEINE, FAN- & GESCHENKARTIKEL U.V.M. UNTER: WWW.NUERBURGRING-SHOP.DE

ERLEBE MOTORSPORT-ABENTEUER PUR!

Der Nürburgring ist als traditionsreiche Rennstrecke weltbekannt und legendär. Aufgrund der anspruchsvollen Streckenführung wird die Nordschleife auch ehrfurchtsvoll „Grüne Hölle" genannt und gilt als schwierigste Herausforderung im Motorsport. In der Saison glüht hier bei über 200 Veranstaltungen, wie der Formel 1, 24h-Rennen, DTM, Truck-Grand-Prix sowie verschiedenen Old-timer- und Motorrad-Events der Asphalt. Es braucht aber nicht immer ein langes Motorsport-Wochenende, um das Erlebnis Nürburgring perfekt zu machen: auch spontane Tagesausflüge garantieren Motorport-Abenteuer mit Adrenalinfaktor inspiriert vom Mythos Nürburgring. **Wir sehen uns am Ring!**

VLN – Tourenwagensport zum Anfassen n 10 Samstagen in der Saison

Touristenfahrten Nordschleife – mit dem eigenen Fahrzeug über die Strecke

Co-Pilot-Fahrten Nordschleife – Gänsehaut und Adrenalin mit der Nürburgring Driving Academy

ing°kartbahn – Renn-Action hautnah

Backstage-Tour – Blick hinter die Kulissen einer Rennstrecke

Touristenfahrten Grand-Prix-Strecke – mit dem eigenen Fahrzeug über die Strecke

ing°werk – Indoor-Themenpark

ring°kino – aktuelle Filme auch in 3D

nuerburgring-shop.de – ein Stück Nürburgring für zu Hause

INFOS, TERMINE UND ÖFFNUNGSZEITEN UNTER: T 0800 20 83 200

NUERBURGRING.DE

Infos

Steinreich und weinselig

Der Reichtum der Osteifel ist ihr Gestein: Basalt, Tuff, Krotzen werden seit der Antike abgebaut. Zu den prominentesten Kunden zählt die Kölner Dombauhütte. Hinzukommen Kartoffeln – die Erdäpfel vom Maifeld haben Kultstatus. An der Ahr wächst zudem einer der besten Spätburgunder weltweit.

01 BAD NEUENAHR-AHRWEILER

Der ineinander übergehende Doppelort (27 500 Einw.) teilt sich in das mittelalterlich geprägte Winzerdorf Ahrweiler und die Bäderstadt Bad Neuenahr (seit 1852), deren gründerzeitlicher Charme bis heute verfängt.

Sehenswert

Kurhaus (1903–1905), das wie ein Tempel wirkende Badehaus (1899), das herrschaftliche **€€€** Steigenberger Hotel, Park und moderne **Ahrthermen** (www.ahrthermen.de) bilden in Bad Neuenahr ein zauberhaftes Ensemble.
Stadttore und Mauern (13./14. Jh.) beschirmen Ahrweiler. Die gotische **Pfarrkirche St. Laurentius** (Urspr. 13. Jh.) hütet mittelalterliche Fresken. Das **städtische Museum** im Weißen Turm, dem ältesten Gebäude Ahrweilers, zeigt Ortsgeschichte (Altenbaustraße 5; Di.–So. 10.00–17.00 Uhr). Richtung Walporzheim erlaubt das über einem römischen Herrenhaus errichtete **Museum Römervilla** Einblicke in antike Wohnkultur (Am Silberberg 1, www.museum-roemervilla.de; März–Okt. Di.–So. 10.00–17.00 Uhr). In direkter Nachbarschaft ist die **Dokumentationsstätte Regierungsbunker** zu finden (Am Silberberg, Tel. 02641 91 17 05 3, www.regbu.de; Mitte April–Mitte Nov. Mi., Sa. und So. 10.00–18.00 Uhr, letzter Einlass 16.30 Uhr).

Tipp

Gute Weine, gutes Essen

Die exzellenten Weine stammen vom Weingut Meyer-Näkel, zu dem der „Hofgarten" gehört. Wildschweinschinken mit Zwiebelkonfit, übergrillter Ziegenkäse mit Ahornsirup und Pinienkernen, Blutwurst-Kartoffel-Pfanne mit Frühlingszwiebeln und Eifelsenf oder das hausgemachte Walnusseis aber signalisieren auf der Karte, dass das Lokal deutlich mehr als eine Straußwirtschaft ist.

€€ Hofgarten Dernau, Bachstraße 26, Dernau, Tel. 02643 15 40, www.hofgarten-dernau.de; tgl. 11.00–23.00 Uhr

Aktivitäten

Der 90 km lange **Ahr-Radweg** (www.ahrweg.de; schwarzes A mit Radsymbol im Querbalken) reicht von der Mündung bei Sinzig bis zur Quelle in Blankenheim. Räder werden nach 9.00 Uhr von der Ahrtalbahn gratis befördert.

Hotels und Restaurants

Der **€€ Prümer Gang** vereint spätbarocke Mauern mit Designzimmern und Wellness. Im stimmigen **€€** Restaurant Regionalküche (Niederhutstraße 58, 53474 Bad Neuenahr-Ahrweiler, Tel. 02641 47 57, www.pruemergang.de; Mo. und Di. mittags geschl.). Das **€€ Hohenzollern** ist ein solider Familienbetrieb am Rotweinwanderweg. Vor dem Balkon hoch über der Ahr sprießen die Reben (Silberberg 50, 53474 Bad Neuenahr-Ahrweiler, Tel. 02641 97 30, www.hotelhohenzollern.com).
Der **€ Altenwegshof** ist ein Ausflugslokal mit grandiosem Ausblick. Offene Weine und Winzerteller. Im Teufenbach 100, Walporzheim, Tel. 02641 3 47 53, www.altenwegshof.de; Di geschl.). Das **€ Alte Pfarrhaus** dient heute als urgemütliche Weinstube (Bärenbachstraße 2, Rech, Tel. 02643 28 45).

Umgebung

Das barocke Augustinerkloster in **Marienthal** ist seit 1925 Sitz der Staatlichen Weinbaudomäne. Nur noch Ruine ist die gotische Klosterkirche. Die Nepomukbrücke in **Rech** ist die schönste an der Ahr – von hier sind es 2 km am Ufer lang zur über der Ahr thronenden Burgruine Saffenberg in **Mayschoß** (herrliche Aussicht). Die 1868 gegründete Winzergenossenschaft Mayschoß-Altenahr gilt als älteste Deutschlands (historischer Gewölbekeller, Weinmuseum, Weinprobe; Ahrrotweinstraße 42, Mayschoß, Tel. 02643 93 60 0, www.winzergenossenschaft-mayschoss.de).

Information

Ahrtal-Tourismus, Hauptstraße 80, 53474 Bad Neuenahr-Ahrweiler, Tel. 02641 91 71 0, www.ahrtal.de

02 MENDIG

Brauereien und Basaltbrüche haben in Mendig (8700 Einw.) seit teils antiken Zeiten den Ton angegeben. Heute hat sich die geschäftige Kleinstadt zu einem Zentrum des Vulkanparks gemausert.

Sehenswert

Auffällig sind die vielen, mit dunklem Basalt verkleideten Fassaden. In Niedermendig überrascht die romanische **Kirche St. Cyriakus** mit grandiosen Fresken aus dem 13. Jh. Doch die

Bundespräsidentenbett im Regierungsbunker

größten Attraktionen liegen am nordöstl. Stadtrand: Das **€ Vulkanbrauhaus** nutzt einen alten Basaltkeller als Lager (mit Biergarten; Laacher-See-Straße 2, Tel. 02652 52 03 30, www.vulkanbrauerei.de). In der nahen Brauerstraße liegt das hypermoderne Ausstellungszentrum **Lava-Dome**, wo man nach der computeranimierten Vulkanismus-Show in 32 m Tiefe riesige Lavakeller besichtigen kann. 300 m weiter folgt das Freilichtmuseum **Museumslay** mit Mendiger Steinmetztradition samt Grubenbahn, Mühlsteinen, Römerbrunnen etc. (Brauerstraße 1, Tel. 02652 939 92 22, www. lava-dome.de; beide Di.–So. 10.00–17.00 Uhr).

Umgebung

Der **Vulkanpark** (Informations-Zentrum Rauschermühle 6, Plaidt, 15 km östl., Tel. 02632 98 75 0, www.vulkanpark.com; Mitte März–Anf. Nov. Di.–So. 9.00–17.00, sonst Di.–So. 11.00 bis 16.00 Uhr) umfasst neben Museen (Lavadome in Mendig, Terra Vulcania in Mayen) zwischen Plaidt und Kruft das Römerbergwerk Meurin, ein antiker Tuffbruch unter einer modernen Glaskuppel. Hinzukommt eine Reihe von Naturdenkmälern: Grubenfelder, der Rauscherpark an der Nette, das verlandete Booser Doppelmaar (25 km westl. Mayen) …
Über dem Laacher See erhebt sich die sechstürmige Silhouette der **Abteikirche Maria Laach ▶ TOPZIEL** (1093–1220), die wegen ihrer architektonischen Vollendung zu den Höhepunkten der Romanik im Rheinland zählt. Zur Benediktinerabtei gehören eine Gärtnerei, das **€€€/€€ Seehotel** und ein Klosterladen (www. maria-laach.de).
Ein einsam auf weiter Flur verlorenes Wäldchen zeigt den Standort der **Wallfahrtskirche Fraukirch** (südöstl.) an. Das auf karolingischen Fundamenten ruhende Gotteshaus hütet das Stiftergrab von Pfalzgraf Siegfried und seiner Gattin, der hl. Genoveva. Der grandiose barocke Hochaltar ist aus Tuff gemeißelt. Um die Kirche stehen Basaltkreuze, von denen das Golokreuz auf dem Prozessionsweg nach Mendig das

Infos

bekannteste ist. Im barocken **€ Fraukircher Hof** neben der Kirche kann man sich stärken – ein Ausflugslokal mit von Kastanien beschatteter Terrasse (Di.–Sa. 15.00–22.00 Uhr; dort auch Schlüssel für die Kirche).

Information
Verbandsgemeinde Mendig, Rathaus, Marktplatz 3, 56743 Mendig, Tel. 02652 98 00 0, www.mendig.de

03 MAYEN

Stein hat Mayen (18 600 Einw., Stadtrechte 1291) reich und selbstbewusst gemacht. Bis an den Ortsrand reichen die Basalt,- Tuff,- Schieferbrüche.

Sehenswert
Die häufig umgestaltete **Genovevaburg** (Urspr. um 1280) beherbergt das interaktive **Eifelmuseum** mit dem Deutschen Schieferbergwerk. Die Besichtigung umfasst die Besteigung des mittelalterlichen Goloturms (34 m) und die Exkursion unter Tage in einen nachgebauten Bergwerkstollen (www.mayenzeit.de; April bis Nov. Di.–So. 10.00–17.00 Uhr, im Winter eingeschränkt). Von der Stadtbefestigung blieben

Tipp

Mit dem Vulkan-Express

Die Brohltalbahn nennt sich auch Vulkan-Express, schließlich zuckelt die nostalgische Schmalspurbahn vom Rheinstädtchen Brohl durch den Vulkanpark Eifel bis ins 465 m hoch gelegene Eifeldorf Engeln. Neben Vulkankratern und -kegeln beeindruckt längs der Steilstrecke durch das Brohltal der 120 m lange Viadukt von Bad Tönisstein.

Vulkan-Express, Kapellenstraße 12, 56651 Niederzissen, Tel. 02636 8 08 03, Fahrplanansage 02636 8 05 00, www.vulkan-express.de. Nur mit Anmeldung!

Rotweinwanderweg: Die Nepomukbrücke bei Rech gehört zu den schönsten an der Ahr

lange Mauerstücke, Türme sowie Brücken- und Obertor erhalten.
Terra Vulcania zeigt am Grubenfeld nördlich der Stadt, wie um Mayen seit 7000 Jahren Basalt abgebaut wird (www.terra-vulcania.de; Mitte Febr.–Okt. Di.–So. 10.00–17.00 Uhr,). Das Grubenfeld selbst ist eine bizarre Landschaft mit stillgelegten Kränen, Abbruchkanten und dem Skulpturenpark Lapidea (www.lapidea.de). Besonders spektakulär wirken die aufgelassenen Steinbrüche links und rechts der Landstraße nach Ettringen (nördl.).

Restaurant
Mayen trifft sich **€€/€ Im Römer**: schmackhafte Küche, gute Wein- und Bierkarte, gepflegt-gemütliche Atmosphäre (Marktstraße 46, Tel. 02651 23 15, www.im-roemer.de; Fr. mittags, Mo. geschl).

Veranstaltungen
Burgfestspiele gibt es von Mai bis Aug., das Volksfest **Lukasmarkt** in der zweiten Okt.-Hälfte.

Umgebung
Die Entwicklung einer mittelalterlichen Wehrburg (Erwähnung 1157) zum barocken Schloss (ab 1659) zeigt **Schloss Bürresheim**. Neben der kostbaren Ausstattung reizt die zauberhafte Lage in einem einsamen Tal (Führungen April–Okt. tgl. 9.00–18.00, Nov. und Jan.–März 9.00–17.00 Uhr).

Information
Tourist-Information, Altes Rathaus am Markt, 56727 Mayen, Tel. 02651 90 30 04, www.mayenzeit.de

04 MONREAL

Das preisgekrönte, an den Elzbach geschmiegte Dorf (900 Einw.) hat Jahrhunderte von der Tuchherstellung gelebt (bis Mitte 19. Jh.). Mehr Fachwerkseligkeit gibt es nirgendwo in der Eifel.

Sehenswert
Zwei Burgruinen (Urspr. 13. Jh.) überragen den Ort: Von der **Philippsburg** blieb nur ein eleganter Turm, von der **Löwenburg** Gräben, Kapelle, und Bergfried. Eindruckvollste der Steinbrücken im Ort ist die **Fährbrücke** mit der Sandsteinstatue des hl. Nepomuk (1803). Die gotische **Dreifaltigkeitskirche** (15. Jh.) hütet gotische und barocke Skulpturen. Die seitliche Heiligkreuzkapelle ist ein spätgotisches Meisterwerk.

Hotel und Restaurant
Der wohl malerischste Platz in Monreal nennt sich mit gutem Grund **€ Arenz am Malerwinkel**: Flammkuchen, Weine von der Mosel, der Ahr und aus dem Elsass, Trödel und Trouvaillen … (Marktplatz 4, 56729 Monreal, Tel. 02651 40 13 00 05, www.arenz-am-malerwinkel.de; Mi., Fr. und Sa. 14.00–19.00, So. 11.00–19.00 Uhr).

Umgebung
Das Nostalgikum in der alten Jungenschule von **Uersfeld** spiegelt die „gute alte Zeit". Gezeigt wird an Tausenden von Exponaten, wie der Alltag zwischen 1850 und 1950 aussah (Lindenstraße 1, www.nostalgikum.de; April–Okt. Di., Do. und So. 14.00–17.30 Uhr).

DuMont Aktiv

Information

*Touristik-Büro, Verbandsgemeinde Vordereifel,
Kelberger Straße 26, 56727 Mayen,
Tel. 0265180 09 59, www.vordereifel.eu*

05 MÜNSTERMAIFELD

Sanft gewellte Getreide-, Raps- und Kartoffel-
äcker bedecken das Maifeld. Schon aus der
Ferne sichtbar erhebt sich das Westwerk von
St. Martin und St. Severus über dem Ort Münstermaifeld (3500 Einw.).

Sehenswert

Wahrzeichen ist die **Stiftskirche St. Martin
und St. Severus**. Die wehrhafte Turmfassade
stammt aus dem 11. Jh., die Kirche selber ist
frühgotisch mit originalen Fresken, einer
Stumm-Orgel und einem spätgotischen Gold-
altar aus Antwerpen. In der alten **Propstei** gegenüber ist das **Heimat- und Erlebnismuseum**
untergebracht – eine Zeitreise ins 19. und ins
frühe 20. Jh.; ausgestellt sind 13 original erhal-
tene Läden und 7 Handwerksbetriebe, Außenstelle ist eine 1937 geschlossene jüdische
Metzgerei (April–Okt. Mi.–So. 14.00–17.00 Uhr).

Umgebung

Allein die atemberaubende Lage von **Burg Eltz**
▶TOPZIEL (10 km südl.) im tiefen Elzbachtal
lohnt den (Fuß-)Weg. Acht Jahrhunderte kam
die wohl schönste deutsche Burg recht unver-
sehrt über die Zeiten. Eben solange ist sie im
Besitz der Grafen von Eltz. Reich ist die Ausstattung mit Rittersaal, Schlafgemächern, Ge-
mäldesammlung. Schatzkammer mit Silber-
schmiedekunst, Münzen, Porzellan (www.burg-
eltz.de; Burg nur mit Führung, Schatzkammer
April–Okt. tgl. 9.30–17.30 Uhr).
Mit dem Wiederaufbau der im 19. Jh. als Steinbruch genutzten **Burg Pyrmont** (Urspr. um
1225; 15 km westl.) wurde 1963 begonnen.
Heute kann man sich hier einmieten – und
sogar heiraten (www.burg-pyrmont.de; Mai bis
Anf. Okt. Mi.–So. 10.00–18.00, Innenbesich-
tigung 12.00–16.00 Uhr).

Veranstaltungen

Zum **Scheunen- und Kartoffelfest** stehen in
Moerz alle Hoftore offen: Im Künstlerdorf dreht
sich alles um Kartoffeln und andere Produkte
des Maifelds (Ende Aug.).

Information

*Touristik-Information, Rathaus, Martinstraße 1,
56294 Münstermaifeld, Tel. 02654 94 02 12 0,
www.maifeld.de
Touristbüro der Verbandsgemeinde Maifeld,
Marktplatz 4, 56751 Polch, Tel. 02654 94 02 120,
www.maifeld.de*

Immer der roten Traube nach

*Lauschige Wälder, lichte Wiesen und natürlich Weinberge sind die
landschaftlichen Attraktionen des Rotweinwanderwegs durchs Ahrtal.
Von Bad Bodendorf bis Altenahr durchzieht der Wanderweg ahrauf-
wärts alle 43 Einzellagen am Fluss.*

Regelmäßig laden Weindörfer inklusive Straußwirtschaften zum
Einkehren ein: Kein Wunder, dass
vor allem an Herbstwochenenden,
wenn die Lese in vollem Gang ist
und überall Weinfeste locken,
Scharen von Wanderern dem Weg
folgen. Die meisten Orte haben zudem einen Bahnhof, womit man
die Länge der Wanderung frei ge-
stalten kann.

Landschaftlich besonders reizvoll
sind die knapp 9 km von Dernau
bis Altenahr. Die Talwände rücken
eng zusammen. Ungehalten wälzt
sich die Ahr in ihrem Felsbett.
Oberhalb von Dernau hängt der
Rotweinwanderweg auf halber
Höhe im Hang. Steile Schiefer-
klüfte sorgen für dramatische
Blicke in das sich verengende Tal.
Bei Rech dann lockt die Ruine der
Saffenburg über den Fluss und
damit auf die Nepomukbrücke.
Wasser gurgelt unter den Bruch-
steinbögen. Seit 1746 trotzt die
Brücke den Fluten. Wohin der Weg
führt? Auf die Saffenburg natürlich, aber mit großer Wahrschein-
lichkeit zunächst in die heimelige
Weinstube im Alten Pfarrhaus.
Südlich von Altenahr nehmen nur
noch die Wälder der Eifel den Fluss
in die Zange. Mit dem „Übriger
Kreuzberg" endet das Rotweinge-
biet der Ahr. Wer weiterwandern
möchte: Der AhrSteig folgt dem
Fluss bis zu seiner Quelle im Eifelstädtchen Blankenheim.

WEITERE INFORMATIONEN

Der **Rotweinwanderweg** (www.
rotweinwanderweg.de) umfasst
35 km und teilt sich in die Etappen
Altenahr–Mayschoß (1,5–2,5 Std.),
Mayschoß–Rech (1–1,5 Std.), Rech
bis Dernau (1 Std.), Dernau–Ahrweiler (2 Std.) und Ahrweiler–Bad
Bodendorf (3–4 Std.).

Der gut 80 km lange **AhrSteig**
(www.ahrsteig.de) verbindet unter
Nutzung des Rotweinwanderwegs
auf sieben Etappen die Quelle der
Ahr mit ihrer Mündung in den
Rhein (Blankenheim–Freilingen–
Aremberg – Insul – Altenahr – Wal-
porzheim– Bad Neuenahr–Sinzig).

Einst hochexplosiv

Vor nicht einmal 10 000 Jahren ist der letzte Vulkan in der Eifel ausgebrochen. Erdgeschichtlich gesehen, geschah es erst vorhin. Die noch immer spürbaren Vulkanaktivitäten liefern eine ideale Vorlage für spannende Fernsehunterhaltung und noch spannendere Urlaubsaktivitäten. Wem das nicht reicht, begibt sich auf Mördersuche. Denn die Vulkaneifel ist zugleich Deutschlands heimliches Zentrum des Verbrechens – zumindest literarisch.

Südlich Daun liegen drei fast kreisrunde Maare – eines ist das Gemündener Maar

Vulkanismus ist noch spürbar: Beim Schalkenmehrener Maar lohnt das Hinausschwimmen –
das Wasser wird zur Seemitte immer wärmer

Maare entstanden aus freigeblasenen Trichtern – hier das Schalkenmehrener Maar

Vulkaneifel
84–85

Der Mosenberg liegt am Windsborner Kratersee

Der Windsborner Kratersee zwischen Bettenfeld und Manderscheid ist einer der seltenen echten Kraterseen, die entstehen, wenn sich Vulkankrater mit Wasser füllen

Die Quote kann sich sehen lassen: Auf 20 Kilometer streift der Sieben-Maare-Weg von Gillenfeld nach Gemünden – sieben Maare, eben. Nüchtern betrachtet sind Maare durch Wasserdampferuptionen entstandene Vulkantrichter, die sich mit Wasser gefüllt haben und oft bereits wieder verlandet sind. Für die Dichterin Klara Viebig waren die Maare freilich „die Augen der Eifel". Und der Name? Leitet sich vom lateinischen Wort mare für Meer ab. Von 70 Vulkantrichtern sind nur noch zehn mit Wasser gefüllt. So auch das Schalkenmehrener Maar. Der Rucksack sinkt in die sattgrüne Wiese. Beim Hinausschwimmen wird das Wasser mit jedem Zug weiter in die Mitte des Sees spürbar wärmer. Der Vulkan, der den kreisrunden See entstehen ließ, gibt zwar seit über 10 000 Jahren Ruhe, doch seine Kraft reicht noch immer, das Wasser zu erwärmen.

Ein einsames Kirchlein zeigt am Ufer des Totenmaars die Stelle an, wo bis vor 500 Jahren das Dorf Weinfeld stand. Die Pest hat die Einwohner im 16. Jahrhundert dahingerafft, daher der traurige Name des Sees, der der verwunschenste der Tour ist.

Nächste Station Gemündener Maar. Vom Dronketurm auf dem Mäuseberg schweift der Blick über goldblühende Ginsterbüsche und die nachtblauen,

kreisrunden Augen gleich dreier Maare. Man möchte am liebsten direkt vom Aussichtsturm hineinspringen.

Doch Achtung! Die Vulkane der Eifel schlafen nur. Am Ulmener Maar fand erst vor knapp 10 000 Jahren die letzte Eruption statt. Und nur wenige Kilometer weiter südlich ruht am Ortsrand von Strohn eine 120 Tonnen schwere Lavabombe, die bei einem Ausbruch aus dem Wartesberg-Vulkan katapultiert wurde. Einfach so.

IM ZENTRUM DES VERBRECHENS

Das von einer Mauer aus dem 14. Jahrhundert strangulierte Hillesheim rühmt sich dank des „Deutschen Krimi-Archivs", der Krimibuchhandlung „Lesezeichen" oder des Cafés „Sherlock" als Zentrum des literarischen Verbrechens. Mehr noch: Im „Krimihotel" kann man in Themen-Zimmern wie „Tod auf dem Nil" oder „Derrick" nächtigen. Oder im gründerzeitlichen Restaurantsaal Spezialitäten wie „Bœuf Maigret" (Tafelspitz in Sahnemeerrettich), „Lindström ermittelt" (Lachsfilet auf Tomaten-Lauchragout) genießen. Wem anschließend nach Buße zumute ist, begebe sich ins „Hotel zum Amtsrichter". Der trutzige Buntsandsteinbau war einmal das „Königlich Preußische Amtsgericht". Seine schlichten Zimmer sind in den ehemaligen Zellen eingerichtet. Der

Aufstieg vom verschlafenen Provinz-städtchen zur Mördermetropole geht auf das Konto von Krimiautoren wie Jacques Berndorf, der in einem Dorf unweit von Hillesheim lebt, und Ralf Kramp, der in Hillesheim den KBV-Verlag betreibt – mit Schwerpunkt Kriminalromane.

TATORT EIFEL

Uwe Ochsenknecht („Der Bulle und das Landei") rockt auf der Bühne im „Forum Daun". Axel Prahl greift im Gerolsteiner „Lokschuppen" zur Gitarre. Was aber treibt TV-Krimistars wie Caroline Peters, Meike Droste, Bjärne Mädel („Mord mit Aussicht"), Miroslav Nemec und Udo Wachtveitl („Tatort") und Senta Berger alias Kriminalrätin Dr. Eva-Maria Prohacek („Unter Verdacht"), alle zwei Jahre in die Vulkaneifel? Die heiße Spur führt zum „Tatort Eifel", dem Krimifestival in Daun, das als Branchentreff für die Krimifilm- und -fernsehbranche ebenfalls ein illustrer Promitreff ist. Neben dem Fachprogramm inklusive diverser Workshops und Wettbewerbe lockt ein Veranstaltungsreigen in Daun und im gesamten Landkreis Vulkaneifel das Publikum. Die Lesungen, Filmpremieren und die Abschlussgala, bei der der „Roland", ein Preis für innovative Krimiformate, verliehen wird, sorgen für viel Spannung. 2013 erhielt der ZDF-Krimi „Das unsicht-

Der Marktplatz von Adenau wird von vielgestaltigem Fachwerk gesäumt (oben).
Das Hillesheimer Kriminalhaus beherbergt das Krimi-Archiv und das Café „Sherlock"

Im „Sherlock" präsentieren die fernsehbekannten Kommissare Torsten „Toto" Heim
und Thomas „Harry" Weinkauf ihr neuestes Werk

Die kurz vor dem Ersten Weltkrieg fertiggestellte Gerolsteiner Erlöserkirche prunkt byzantinisch golden

bare Mädchen" von Regisseur Dominik Graf die begehrte Auszeichnung. Zum Vormerken: Das achte Festival „Tatort Eifel" wird im September 2015 veranstaltet.

EIFEL-AKTIVISTEN

2013 hatte auch eine ganz anders geartete Eifelinstitution Grund zur Freude: Im Mai feierte der Eifelverein sein 125-jähriges Jubiläum – und in Prüm, wo das Fest veranstaltet wurde, bekamen Wanderer und Naturliebhaber kein Bein mehr an den Boden. Wanderjournalist Manuel Andrack hielt die Festrede. Geführte Wanderungen luden ins Prümer Land ein, im „Eifel-Wander-

dorf" ging es um Premiumwandern und Geo-Caching. Abends heizte die Coverband „Die Dicken Kinder" zur Jubiläumsparty ein.

Das alles zeigt: Von seinen honorigen Anfängen oder vom bisweilen biederen Image hat sich der Eifelverein beherzt gelöst. Seit 2011 leitet mit Mathilde Weinandy eine Frau den Traditionsverein. Und unter dem Motto „Es reicht" engagieren sich die heute 29 000, auf 160 Ortsvereine verteilte Mitglieder, etwa gegen den weiteren Ausbau von Windkraftanlagen, die das Landschaftsbild in der Eifel verheeren.

Im Mai 1888, bei Gründung des Eifelvereins, war die Region noch als „Preu-

ßisches Sibirien" verschrien. Was nicht nur dem Trierer Gymnasiallehrer Dr. Adolf Drohnke in der Seele wehtat. Mit Gleichgesinnten gründete der Vollbartträger in Bad Bertrich den Eifelverein, zum einen, um das Wandern populärer zu machen, zum anderen, um das Gebiet wirtschaftlich zu fördern. Erste Wanderwege wurden angelegt. 1899 konnte der Verein die Manderscheider Niederburg erstehen. 1937 folgte die Mayener Genovevaburg, in der das Eifelmuseum eingerichtet wurde und der Verein eine Eifelbibliothek gründete. Heute betreut der Verein rund 3000 Kilometer Fern- und Regionalwanderwege. Weitere 6000 Kilometer ört-

Zur Kasselburg bei Pelm gehören die „Wolfsschlucht" und im Burghof
eindrucksvolle Greifvögel

Stein gewordenes Mittelalter: Kasselburg bei Pelm

Die Strohner Vulkanbombe hat einen Durchmesser von etwa fünf Metern und ein Gewicht von über 120 Tonnen

Ein schöner Spaziergang führt zum Nohner Wasserfall

Special ZIEGENKÄSE

Genussregion Eifel?

Immer öfter stehen typische Produkte der Region in Supermarktregalen oder auf Marktständen. Ziegenkäse aus der Vulkaneifel spielt dabei eine prominente Rolle und widerlegt geschmackvoll aufkeimende Zweifel, in einer Genussregion unterwegs zu sein.

Die mal weißen, mal bunten Deutschen Edelziegen, die auf dem Vulkanhof in Gillenfeld gehalten werden, sind nicht nur die Lieferanten für erstklassigen Biokäse. Bei Inge Thommes-Burbach, die den Vulkanhof leitet, reicht die Angebotspalette von Frischkäse bis zum über fünf Monate gereiften Käse „Eifelwürze". Dazu gibt es Eis – besonders lecker sind Erbeer und Walnuss – und Pralinen, handwerklich hergestellt in Zusammenarbeit mit Belgian Chocolate. Alles aus Ziegenrohmilch, versteht sich.

Von Oma Inge bis Enkel Klaus packen alle mit an. Denn die 250 Ziegen des Hofs wollen gemolken, der Käse muss von Hand geschöpft,

Besucher müssen betreut werden. Apropos Besucher: Der Hof ist einer zum Anfassen, Streicheln der Ziegen erlaubt.

Bei Regino und Sibylle Esch, die zusammen mit Wiebke Medau den Hof Steinrausch betreiben, gibt es zwar „nur" Ziegenkäse, dafür jedoch in allen erdenklichen Geschmacksrichtungen. Als da wären Weichkäse mit Basilikum, Ziegenmünster, Ziegencamembert, Schnittkäse mit Chili, Frischkäse ... – und natürlich alles Bioland-zertifiziert. Guten Appetit!

licher Wanderwege kommen hinzu. Manche sind geradezu Dauerbrenner. So erklärte Manuel Andrack erst kürzlich den 1895 angelegten Lieserpfad zum „schönsten Wanderpfad der Welt".

ERDGESCHICHTLICHES LEHRBUCH
Gerolstein, und unsereins denkt sofort an Mineralwasser. Geologen aber kennen die Stadt an der Kyll eher als Wiege der Paläontologie. Im Buchenloch, einer Höhle im Kalkstein der Munterley, fanden in der ausgehenden Eiszeit Menschen und Tiere Unterschlupf.

Vulkanologen und Wanderer zieht es zudem in den „European Geo-Park". Vier Geo-Routen erschließen das Umland von Gerolstein, das wie ein erdgeschichtliches Lehrbuch offen liegt. Der „Felsenpfad" führt durch die Gerolsteiner Dolomiten. Am Weg liegt die bereits erwähnte Buchenlochhöhle. Auch am Sarresdorfer Lavastrom, der sich vor rund 30 000 Jahren als jüngster Lavastrom der Eifel ins Tal wälzte, führt der Parcours vorbei. Am Ende der Tour überrascht die Kasselburg, eine der ältesten Burgen der Eifel. Das Gelände rund um die Burg ist heute Sitz eines Adler- und Wolfsparks und Heimat des größten Wolfsrudels Westeuropas.

Was wird aus der Grünen Hölle?

Als Grüne Hölle – das Zitat stammt vom dreifachen Formel 1-Welt-meister Jackie Stewart – war der Nürburgring einmal als weltweit gefährlichste Rennstrecke zugleich geliebt und gefürchtet. Heute macht der einstige Besuchermagnet eher durch Finanzskandale und den Dauerstau bei der Lösung seiner Probleme Schlagzeilen.

Der Nürburgring ist pleite, die berühmte Rennstrecke oder zumindest der gleich-namige Freizeitpark stehen zum Verkauf. Die Sanierer sind am Werk, um die für das Land Rheinland-Pfalz kostenschwere Braut zu schmücken. So war im Sommer 2013 der Stand der Ringe. Derweil lief vor dem Koblenzer Landgericht der Nürburgring-Prozess. Es geht um Untreue. Angeklagt sind neben anderen Ex-Nürburgring-Chef Walter Kafitz und ein Ex-Minister aus Mainz. 2009 waren die Finanzierungspläne um ein dem Ring angegliedertes Freizeit-zentrum inklusive Achterbahn, Einkaufs-

zentrum, Kneipenviertel, Partymeile, Vier-Sterne-Hotel und Feriendorf krachend zu-sammengebrochen. Die Förderbank musste dem finanzknappen Investor mit 85,5 Mil-lionen Euro aus der Patsche helfen. Laut Landesrechnungshof waren da bereits 350 Millionen am Ring verbaut worden – und das, ohne dass der Landtag die Gelder zuvor freigegeben hätte.

Die Hintergründe des Katastrophenszena-rios erinnern an die Frühzeit des Nürburg-rings. Als die Rennstrecke am 18. Juni 1927 eingeweiht wurde, war es erklärtes Ziel der Planer, der strukturschwachen Eifel mit dem

Oldtimer-Rennen auf der Grand-Prix-Strecke, aber auch auf der anspruchsvollen Nordschleife, gehören zu den großen Attraktionen des Nürburgrings

Auf der Mercedes-Tribüne am Ende der Start- und Zielgeraden ist man dicht am Geschehen der Grand-Prix-Strecke (links). Im Freizeitpark Ringwerk gehört Mitmachen zum Konzept (rechts)

Nürburgring wirtschaftlich unter die Arme zu greifen. Achtzig Jahre später erfolgte der erste Spatenstich für das Großprojekt „Nürburgring 2009". Wieder ging es um wirtschaftliche Perspektiven für die immer noch strukturschwache Region. Diesmal sollte sich zum eigentlichen Rennbetrieb ein Freizeitpark gesellen.

Doch die Baukosten verdoppelten sich. Die Eröffnung des Ringracer wurde wegen technischer Probleme mehrmals auf den Sankt Nimmerleinstag verschoben. Statt 2009 erhielt die über 200 Stundenkilometer schnelle Achterbahn erst im Herbst 2013 von den Behörden grünes Licht. Und Brüssel prüft, ob die rund 500 Millionen geflossener Subventionen rechtswidrig verteilt worden sind. Das Land trat auf die Bremse und würde den Nürburgring am liebsten komplett verkaufen. Worauf der ADAC mit dem Abzug vom Ring drohte, und darauf besteht, dass nur der Freizeitpark verscherbelt wird – doch an wen? Es kam, wie es kommen musste: Bernie Ecclestone, gewiefter Formel-1-Vermarkter, ohne den in der Branche nichts läuft, meldete sich als Interessent. Den „Großen Preis von Deutschland", eine der zugkräftigsten Veranstaltungen am Ring, verspricht der Brite im Falle einer Kaufentscheidung zu seinen Gunsten weiterhin in der Eifel zu veranstalten. Gütiger Bernie!

Und die Hiobsbotschaften nehmen kein Ende. Zum Grand Prix im Juli 2013 kamen trotz prominenter Fahrer wie Sebastian Vettel nur 50 000 Benzinjünger – deutlich weniger als zwei Jahre zuvor. Manfred Sattler, Vorsitzender des Vereins „Freunde des Nürburgring" mahnt dennoch zur Umsicht beim eventuellen Verkauf: „Der Ring soll in die Hände von Leuten, die mit ihm kein Geld verdienen müssen." Und führt an, dass allein 2500 Menschen direkt vom Nürburgring leben. Andrea Thelen, Vorsitzende des Gewerbevereins Adenau, setzt noch eins drauf. Ginge der Ringe an renditeorientierte Investoren, „würde die Eifel ausbluten". Bis Mitte 2014 soll der Käufer feststehen: Angeblich sind 200 Bewerber im Gespräch. Ungeachtet seiner hausgemachten Vertrauenskrise in der pole position: der ADAC.

FAKTEN

Informationen zum aktuellen Stand der Dinge auf der Internetseite des Vereins „Freunde des Nürburgring" www.freunde-des-nuerburgring.de

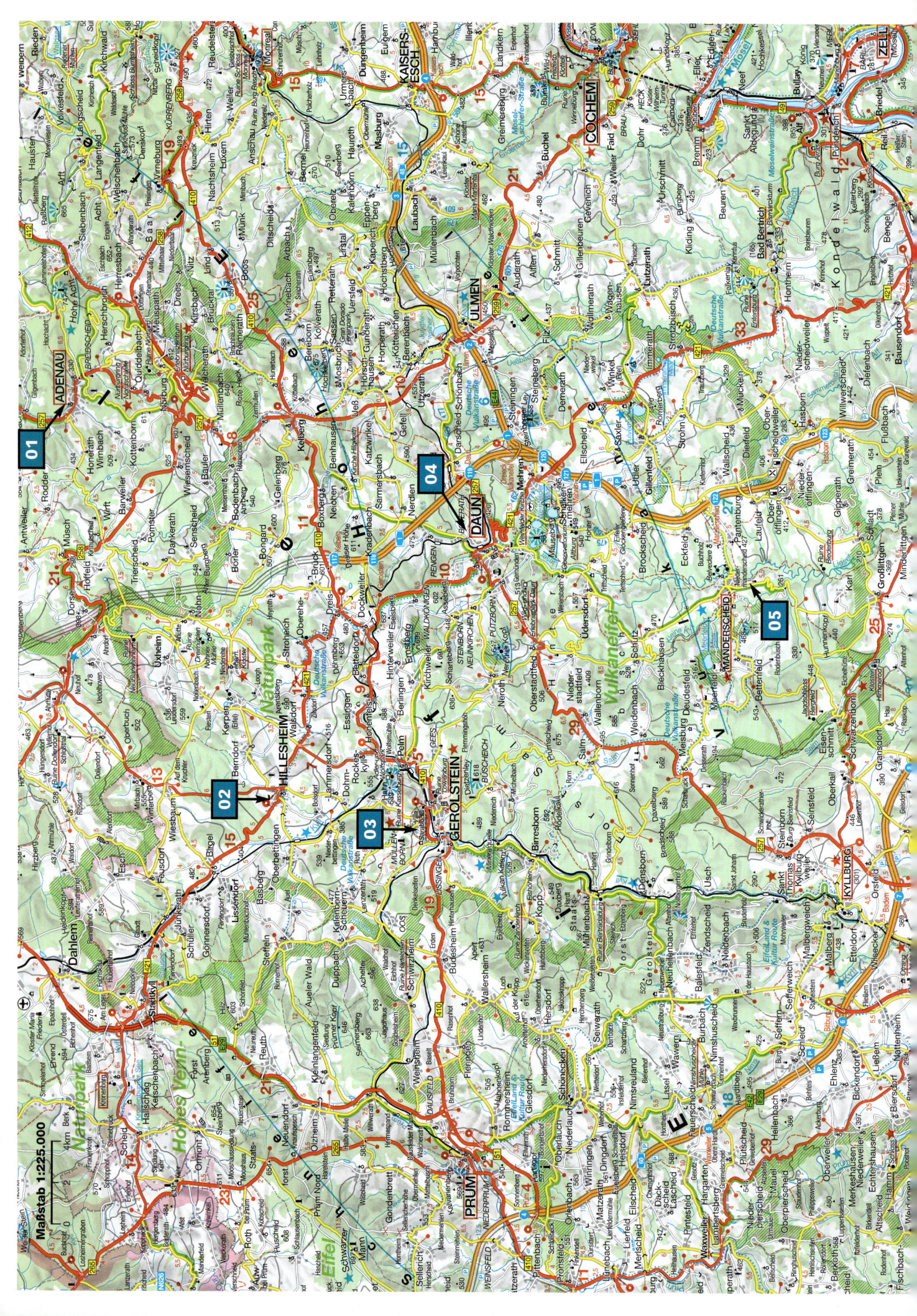

Im Herzen der Eifel

Die Vulkaneifel ist das Herzstück der Region. Mit den Maaren, von denen einige zum Baden einladen, den Krimihochburgen Hillesheim und Daun und dem Nürburgring, dem trotz seiner Probleme größten Besuchermagnet, bietet die Vulkaneifel für jeden Geschmack etwas.

01 ADENAU

Das schmucke Fachwerkstädtchen (2800 Einw.) liegt in direkter Nachbarschaft zur Nordschleife des Nürburgrings. Kurzum, hier brummt's.

Sehenswert

Im Buttermarkt-Viertel und am Markt stehen die mit Schiefer gedeckten **Fachwerkhäuser** (meist 17. Jh.) Spalier. Auch das **Eifeler Bauernhausmuseum** kam in einem Fachwerkhaus aus dem 17. Jh. unter; in den Stuben und Kammern wird der bäuerliche Alltag des 19. Jh. erlebbar (Schulstraße, Tel. 02691 30 57 04; Sa., So. und Fei. 10.30–12.30 Uhr, Führungen nach Vereinb.).

Umgebung

Der **Nürburgring** ist längst mehr als eine der bekanntesten Rennstrecken der Welt. Die legendäre, 1927 eröffnete 20,8 km lange Nordschleife wurde 1984 um eine moderne Grand Prix-Strecke im Süden ergänzt. Über 100 Autorennen und 200 weitere Veranstaltungen, darunter das Open Air Festival „Rock am Ring" (Juli), bescheren dem Ring an die zwei Mio. Besucher pro Jahr. Der Freizeitpark ring°werk, in-

Tipp

Immer am Ufer entlang

Mit 130 km ist der Kylltalradweg einer der längsten Radwege der Eifel. Es geht von der Quelle der Kyll am Losheimer Graben bis zu ihrer Mündung in die Mosel bei Trier immer am verschlungenen Flüsschen lang. Höhepunkte sind Burg Lissingen, die Bertradaburg in Mürlenbach und Schloss Malberg. Als Zwischenstationen bieten sich Stadtkyll mit einem mittelalterlichen Stift, Hillesheim oder Gerolstein ein. Länge und Dauer der Etappen kann man dank der Bahnlinie Köln–Trier, die durchs Kylltal verläuft, bequem selbst bestimmen: 18 Bahnhöfe machen es möglich.

Informationen auf der Internetseite www.eifel.info/kyll-radweg.htm

klusive historischer Siegerfahrzeuge, 4D-Kino, Blick hinter die Kulissen der Formel 1, Technik-Labor mit Windkanal, kommt dennoch nicht in Fahrt (www.nuerburgring.de).

Die Ruine der **Nürburg** (Urspr. 12. Jh.; südl.) thront auf dem sechsthöchsten Gipfel der Eifel (676,5 m). Vom runden Bergfried hat man einen wunderbaren Ausblick (www.burgen-rlp.de; April–Sept. Di.–So. 9.00–18.00, sonst Di.–So. 9.00–17.00 Uhr).

Mit 747 m ist die **Hohe Acht** (östl.) der höchste Berg der Eifel, gekrönt vom 1908/1909 erbauten Kaiser-Wilhelm-Turm. Bei klarer Sicht reicht der Blick bis in die Kölner Bucht. Ein Wanderweg führt vom ausgeschilderten Parkplatz auf den Gipfel. Bei der Ankunft fällt das bronzene Abbild von Siegfried im Kampf mit der Schlange ins Auge.

Information

Tourismusverein Hocheifel Nürburgring, Kirchstraße 15, 53518 Adenau, Tel. 02691 30 51 22, www.hocheifel-nuerburgring.de

02 HILLESHEIM

Eine Stadtmauer, von der man die Altstadt überblickt, behütet den 1000 Jahre alten Marktort (3100 Einw.), dessen Kern in den 1980er-Jahren saniert und dafür prämiert wurde.

Sehenswert

Hauptattraktion ist das **Kriminalhaus** (Am Markt 5-7, www.kriminalhaus.de), unter dessen Dach sich u.a. das Deutsche Krimiarchiv mit 26 000 Krimis (Mo., Do. und Sa. 14.00–18.00, So. und Fei. 11.30–18.00 Uhr), die Krimibuchhandlung Lesezeichen (Mo.–Fr. 9.00–18.00, Sa. 9.00–16.00, So. und Fei. 11.30–18.00 Uhr) und das Krimithemen-Café „Sherlock" (tgl. 11.30 bis 18.00 Uhr) befinden. Die **Geologisch-Mineralogische Sammlung** zeigt u.a. eine Korallenkolonie (Burgstraße 20; Mo.–Mi. und Sa. 10.00 bis 12.00, Do. 14.00–16.00 Uhr).

Hotel und Restaurant

In den Mauern eines Klosters, das auf das 13. Jh. zurückgeht, entstand das schicke €€€/€€ **Hotel Augustiner Kloster,** inklusive Sauna und Beauty-Spa (Augustiner Straße 2, 54576 Hillesheim, Tel. 06593 98 08 90, www.hotel-augustiner-kloster.de). Der €€/€ **Landgasthof Schröder** ist ein Familienbetrieb in dritter Generation. Auf der Karte: Eifeler Regenbogenforelle in Mandelbutter! Mit Zimmern (Kerpener Straße 7, 54579 Niederehe, Tel. 02696 10 48, www.landgasthof-schroeder.de).

Spezialitäten des € **Kleinen Landcafés** sind Flammkuchen, weitere Pluspunkte die lauschige Terrasse und das Kleinkunstprogramm (Fritz-

Weitblick von der Hohen Acht

von-Wille-Straße 8, Kerpen, Tel. 06593 99 69 69, www.daskleinelandcafe.de; April–Okt. Di.–So. 12.00–18.00, sonst Mi.–So. 12.00-18.00 Uhr). Romantisch am Ahbach liegt die € **Nohner Mühle** – zum Nohner Wasserfall braucht man eine halbe Stunde zu Fuß, danach geht es ans Waffel- und Kuchenbuffet (Nohner Mühle 2, Nohn, Tel. 02696 13 14, www.nohnermuehle.de; Ostern–Okt. tgl. ab 11.00 Uhr).

Umgebung

Die Burg über **Kerpen** (nordöstl.) stammt aus dem 12. Jh. Die Anlage samt romanischem Palas, Kapelle und Schlosstrakt ist Privatbesitz, kann jedoch besichtigt werden. Oder man zieht gleich in eines der Gästezimmer (54578 Kerpen, Tel. 06593 980 78 74, www.castlekerpen.com). Die romanische Kirche in **Niederehe** gehörte zu einem Augustinerinnenkloster. Nonnenempore, Chorgestühl aus dem 16. Jh. und Hochgräber zählen zur reichen Ausstattung. Die Klosterbauten selbst sind barock.

Über 6 m stürzt der **Nohner Wasserfall** in die Tiefe des Ahbachtals (nordöstl.), ein Schauspiel von großer Schönheit. Seit der letzten Eiszeit hat das Wasser von drei Quellbächen eine gewaltige, von Moos und Flechten überwucherte Kalksinterbank anwachsen lassen.

Information

Urlaubsregion Hillesheim/Vulkaneifel, Graf-Mirbach-Straße 2, 54576 Hillesheim, Tel. 06593 80 92 00, www.hillesheim.de

03 GEROLSTEIN

Dramatisch ragen Dolomitfelsen um den einstigen Grafensitz (7500 Einw.) auf. In aller Munde ist Gerolstein jedoch durch sein Mineralwasser.

Infos

Tipp

Umsteigen ins Bett

Der Zug hält schon lange nicht mehr am Bahnhof von Utzerath (östl. von Daun). Umso ruhiger schläft es sich in dem zum Ferienhaus umgebauten Gebäude aus der Kaiserzeit. In der ehem. Güterhalle mit nostalgischen Sprossenfenstern stehen Billard und Kicker. Helle Holzböden und die von Terrakottakübeln gesäumte Terrasse auf dem ehemaligen Bahnsteig sorgen für Behaglichkeit. Abreisen möchte man von diesem Bahnhof nicht mehr.

Dorothée Rósitzko, Tel. 06534 94 03 90, www.traum-ferienwohnungen.de/ 46700.htm

Sofern der Winter mitspielt: Rodeln an der Hohen Acht

Sehenswert

Die mit der Berliner Kaiser-Wilhelm-Gedächtnis-Kirche stilistisch verwandte historisierende **Erlöserkirche** (1911–1913) in Sarresdorf prunkt mit goldenem Mosaikschmuck im neobyzantinischen Stil. Beim Bau wurden die Grundmauern des antiken Landhauses **Villa Sarabodis** gefunden, dessen Fussbodenheizsystem rekonstruiert werden konnte; außerdem fand man Mosaike. Ein Säulengang verbindet Kirche und die zum Museum umgewidmete Villa, wo die Funde zu sehen sind (beide nur mit Führung April–Okt. Mi. und Sa. 10.00 und 15.00 Uhr). Die Ruine der **Löwenburg** (13. und 16. Jh.) überragt hoch auf einem Dolomitfels die Stadt, das Kylltal und andere Dolomitfelsen. Das **Naturkundemuseum Gerolstein** mit seiner Sammlung zu Mineralien, Fossilien, Eifelvulkanismus etc. ist im ehem. Rathaus von 1710 untergebracht (Hauptstraße 42; April–Okt. Mo.–Sa. 14.00–17.00, So. 11.00–17.00 Uhr). Der **Gerolsteiner Brunnen** ist so ergiebig, dass pro Minute 1000 Flaschen Mineralwasser abgefüllt werden können (Vulkanring, Tel. 06591 14 238, www.gerolsteiner.de; Führung Mo.–Fr. 15.00 Uhr). Eisenbahnfreunde zieht es in das historische **Bahnbetriebswerk** (1913): Im Lokschuppen werden Dampf- und Dieselrösser gewartet; dazu finden regelmäßig Konzerte und Events statt (Kasselburger Weg 16, Tel. 06591 94 99 87 00, www.lokschuppen-gerolstein.de).

Umgebung

Für Wanderer und Radler erschließt der **Geopark Vulkaneifel** (www.geopark-vulkaneifel.de) das Gerolsteiner Land auf diversen Touren. Geologisch und erdgeschichtlich interessante Stätten stehen dabei im Mittelpunkt – wie auch in den Museen in Daun, Gerolstein, Hillesheim, Jünkerath (Eisenmuseum, Römerwall 12; Mi. bis Fr., So. und Fei. 13.00–17.00 Uhr), Manderscheid und Strohn.

Die **Kasselburg** mit dem markanten Doppelturm (14. Jh.) in Pelm beherbergt einen Adler- und Wolfspark. Die Greifvögel sind im Burghof zu sehen, das Wolfsrudel streift zu Füßen der Burg durch die „Wolfsschlucht" (www.adler-wolfspark.de; März–Okt. tgl. 10.00–18.00, Raubvogel-Flugprogramm Di.–So. 11.00 und 15.00, Wolfsfütterung 15.45 Uhr, im Winter reduziertes Programm).

Information

Tourist-Information, Brunnenstraße 10, 54568 Gerolstein, Tel. 06591 94 99 10, www.gerolsteiner-land.de

04 DAUN

Die geschäftige Kreis- und Burgstadt (8200 Einw.) ist dank der Dunarisquelle Kur- und Kneippport. Die Dauner Maare, drei benachbarte Seen vulkanischen Ursprungs, liegen unmittelbar vor der auf Basalt thronenden Stadt.

Sehenswert

Die zuletzt 1689 zerstörte **Burg** hat ihren Ursprung um 1000; von der Ringmauer schaut man über den Ort. Das 1712 im Burgbereich errichtete **Kurtrierische Amtshaus** wurde zum Luxushotel mit Sternerestaurant „Graf Leopold" (www.daunerburg.de). Im **Eifel-Vulkanmuseum** kann man auf Knopfdruck einen Vulkan hochgehen lassen (Leopoldstraße 9, www.eifel-vulkanmuseum.de; März–Nov. Di.–Fr. 13.00–16.30,

Sa., So. und Fei. 11.00–16.30 Uhr). In der **Dauner Kaffeerösterei** darf man sich durch zehn Haussorten probieren – der „Schwarze Tod" ist besonders kräftig (Wirichplatz 16a, www.dauner-kaffeeroesterei.de; Mo. und Mi.–Fr. 10.00–18.00, Di. und Sa. 14.00–18.00 Uhr).

Hotel und Restaurant

Der familiäre €€ **Landgasthof Michels** überzeugt mit komfortablen Zimmern und der Nähe zu den Dauner Maaren (St.-Martin-Straße 9, 54552 Schalkenmehren, Tel. 06592 92 80, www.michels-wohlfuehlhotel.de).

Umgebung

Die drei **Dauner Maare** ▶TOPZIEL laden zum Baden, Bötchen fahren (Gemündener und Schalkenmehrener Maar) und Wandern (7 km

Tipp

Echte Sommerfrische

Gut 20 m tief ist das Schalkenmehrener Maar, und sein Umfang ist mit 1775 m stattlich. Beim Baden im See braucht man dennoch keine Angst zu haben. Das Auge eines wachsamen Bademeisters schwimmt mit, denn das Nordufer des Maars ist als Naturfreibad eingerichtet, inklusive Liegewiese und grandioser Ausblicke über den stillen See.

Schalkenmehrener Maar, Pitt-Kreuzberg-Weg, Tel. 06592 17 39 39, www.schalkenmehren.de; Mai–Sept.

langer Rundweg ab Parkplatz Gemündener Maar) ein.

In **Neroth** zeigt das Mausefallenmuseum in der alten Schule von 1844, wie das Dorf früher vom Bau von Mausefallen gelebt hat (April–Okt. Mi. 14.00–17.00, Fr. 15.00–17.00 Uhr).

Information
Tourist-Information, Leopoldstraße 5, 54550 Daun, Tel. 06592 95 13 0, www.ferienregion-daun.de

05 MANDERSCHEID

Gleich zwei Burgen ragen vor den Toren des Kneippkurortes (1300 Einw.) aus dem lauschigen Liesertal auf. Zum alljährlichen Burgenfest auf der Turnierwiese rittertümelt es sehr.

Sehenswert
Die **Manderscheider Burgen** liegen in Sichtnähe. Die ältere Oberburg (Urspr. 12. Jh.) war in kurtrierischem Besitz und ist frei zugänglich; von der Ruine schaut man auf die 1173 erstmals erwähnte Unterburg, einst Sitz der Manderscheider Grafen, heute Besitz des Eifelvereins (www.niederburg-manderscheid.de; April–Okt. tgl. 10.30–17.00 Uhr).
Das **Maarmuseum** widmet sich der Entwicklung der Maare. Höhepunkt ist das 45 Mio. Jahre alte Eckfelder Urpferd, eine versteinerte, im Eckfelder Maar gefundene Stute (Wittlicher Straße 11, www.maarmuseum.de; April–Okt. Di.–Sa. 10.00–12.00 und 14.00–17.00, So. und Fei. 13.00–17.00 Uhr, im März kürzer).

Umgebung
Das 200 m tiefe **Meerfelder Maar** ist das größte Maar der Vulkaneifel. In **Strohn** erinnert eine gewaltige „Lavabombe" an die Kräfte der Vulkane; im Vulkanhaus und auf dem Vulkanerlebnispfad erfährt man Genaueres (www.vulkanhaus-strohn.de; April–Okt. Di.–So. und Fei. 10.00–17.00, sonst Di.–So. 13.00–17.00 Uhr).

Veranstaltung
Das **Burgenfest** lockt im Aug. mit galoppierenden Rittern, Turnier, Feuerspektakeln und Gauklern (www.burgenfest.info).

Aktivität
Der **Manderscheider Burgensteig** ist ein 6 km langer, anspruchsvoller Rundweg vorbei an zwei Burgruinen, durch das Lieser-Tal – und mit herrlichen Bademöglichkeiten.

Information
Tourist-Information, Grafenstraße 21, 54531 Manderscheid, Tel. 06572 93 26 65, www.manderscheid.de

DuMont Aktiv

Hillesheimer Krimitouren

Als ob wir es nicht geahnt hätten: Die deutsche Provinz ist eine Mördergrube, die tiefe Eifel ihr finsterster Winkel. Nirgendwo sonst in Deutschland wird häufiger gemordet und gemeuchelt als im Mittelgebirge zwischen Köln und Trier. An die 500 Eifel-Krimis beweisen es.

Wir treffen uns zur Spurensuche in Hillesheim. Die „Eifel-Krimi-Tour", zu der wir mit den Chefermittlerinnen Klara Fall, Hella Blick und Dane Spur – die Namen sind natürlich Pseudonyme – verabredet sind, führt zu Tatorten aus Büchern von Jacques Berndorf und Ralf Kramp, den beiden prominentesten Eifelkrimi-Schriftstellern. Vier Stunden Wandern und ein Dutzend Fälle liegen vor uns. Kein einfaches Unterfangen, denn es gießt aus Kübeln. Verbrechen aber kennt kein Schlechtwetter, sondern nur die richtige Tarnkappe. Weswegen die drei Damen Schlapphüte aus wasserfestem Eifelfilz tragen, Modell „Humphrey Bogart" aus Stadtkyll.

Am Nohner Wasserfall

Erster Stopp in Berndorf und: „In welchem Haus hat Siggi Baumeister, gebeutelter Journalist und Held fast aller Jacques-Berndorf-Krimis, gewohnt und ermittelt?" Die Antwort sei an dieser Stelle nicht verraten. Nur so viel: Chefermittlerin Klara Fall drückt den Stempel mit Pistolenmotiv, den es für jede richtig beantwortete Frage gibt, in den Notizblock.
Nächster Stopp im Steinbruch am Weinberg. In „Eifel-Wasser", ebenfalls von Jacques Berndorf, ist der Tümpel Fundort des von Geröllmassen verschütteten Lebensmittelchemikers Breidenbach. Unfall oder Mord?
Bedrohlich rauschend kündigt sich Tatort 3, der Nohner Wasserfall, an. Herbie Feldmann, Held eines halben Dutzend Krimis von Ralf Kramp, ermittelt hier in „Hart an der Grenze" in Sachen Mord. Das Opfer ist ein amerikanischer Kriegsveteran auf Europareise. Eine Fußprothese erregt dabei die Aufmerksamkeit des Ermittlers – die zu finden lautet die nächste Aufgabe. Fortsetzung folgt!

WEITERE INFORMATIONEN

Informationen: im Internet auf www.krimiland-eifel.de, www.tatort-eifel.de und www.blutspur.de. **Eifel-Krimi-Touren:** Mit den Chefermittlerinnen auf Tatortsuche, 2 oder 4 Std. (5 bzw. 10 km) um Hillesheim oder Kerpen (www.eifel-gast.de). **Eifelkrimi-Wanderweg:** Zwei um Hillesheim ausgeschilderte Routen (17 bzw. 20 km) zu den Tatorten aus Eifelkrimis (www.eifelkrimi-wanderweg.de).

Von Bier, Burgen und und Felsen

Im Süden geht die Eifel nahtlos in die belgischen Ardennen und die Luxemburgische Schweiz über. Die Landschaft scheint mit bizarren Felsformationen, tiefen Wäldern, stolzen Burgen und verbummelten Dörfern dem Grimmschen Märchenbuch entnommen zu sein. Bekannt ist die Südeifel vor allem für ihr Bier, das aus echtem Eifler Siegelhopfen gebraut wird.

Kurz vor der Französischen Revolution entstand Schloss Weilerbach Ende des 18. Jahrhunderts als Sommerresidenz der Echternacher Äbte

„Eine märchenhafte Felsenwelt ...": Im Felsenland
Südeifel finden sich bei Ernzen die Teufelsschlucht
(oben links) und der Felsenweiher (unten links),
die Irreler Wasserfälle genannten Stromschnellen
der Prüm zwischen Prümzurlay und Irrel (oben
rechts) und bei Bollendorf die Sauer (unten rechts),
bis hoch nach Belgien Grenzfluss zu Luxemburg

Im Jahr 1900 veröffentlichte Clara Viebig, Tochter eines Oberregierungsrates und Abgeordneten der Frankfurter Nationalversammlung, „Das Weiberdorf". In dem naturalistischen Roman, der in einem Ort namens Eifelschmitt spielt, erzählt die 1860 in Trier geborene Schriftstellerin vom Eifelalltag am Ende des 19. Jahrhunderts. Während die Männer die meiste Zeit des Jahres in den fernen Stahlwerken und Gruben des Ruhrgebiets arbeiteten, blieben die Frauen im Dorf zurück, kümmerten sich um Kinder, Vieh und Felder. Viebig zeichnete ein Sittengemälde, das von Armut, ewigen Wintern, freudlosen Wirtshäusern, Missgunst, sexuellen Nöten und der alles bestimmenden Kirche geprägt war.

Der grenzüberschreitende Deutsch-Luxemburgische Naturpark präsentiert sich als wanderfreundliches Felsenland.

Dass sich hinter dem fiktiven Eifelschmitt das Dorf Eisenschmitt verbarg, war aller Welt schnell klar – auch den Frauen aus Eisenschmitt, die mit Mistgabeln bewaffnet und zeternd auf die Schriftstellerin losgingen. Den Stoff für den Roman hatte Clara Viebig als junges Mädchen bei Ausflügen in die Eifel gefunden. Aus dieser Zeit stammt auch ihre Liebe zur Region, die sie in ihren Erzählungen und Romanen literarisch umsetzen sollte.

Auf Gegenliebe stieß sie dafür bei den Eiflern lange Zeit nicht. Noch 1990, als der Oberkailer Künstler Johann Baptist Lenz den neuen Dorfbrunnen mit „Weiberdorf"-Motiven zierte, war der Unmut groß. Vorbei. Denn mit dem Clara-Viebig-Zentrum hat der lokale „Förderkreis Kultur und Geschichte von Eisenschmitt" der Schriftstellerin inzwischen ein Denkmal gesetzt.

Jeden Ostern zieht es die Schöneckener zur Eierlage: Ein „Läufer" versucht seine Strecke zu absolvieren, bevor der „Raffer" die 104 im Ort ausgelegten rohen Eier in seinen Korb gesammelt hat

Malberg bei Kyllburg vereint seit seiner Gründung im Mittelalter die unterschiedlichsten Baustile

Über Mürlenbach im Kylltal erhebt sich die Bertradaburg, einst auf den Resten eines Römerkastells an der Militärstraße von Trier nach Köln errichtet

An den jahrhundertelangen Bergbau in Bleialf erinnert das Besucherbergwerk mit seinem Mühlenberger Stollen

BURGEN UND SCHLÖSSER

Nördlich von Kyllburg thront ein Schloss auf einem Bergsporn hoch über der Kyll. Der Bau ist so imposant, dass er jeden Vorbeikommenden zum Innehalten zwingt. Mit herrschaftlicher Geste verschafft sich Schloss Malberg Respekt. Zu Füßen der gewaltigen Anlage, die eine Renaissanceburg, einen spätbarocken, italienisch anmutenden Arkadenbau und das glanzvolle Neue Haus samt Terrassen, Gärten und Schlosskapelle umfasst, duckt sich das Dorf. Die Botschaft ist unmissverständlich: Wir hier oben, ihr da unten. Doch das alte Machtgefüge hat sich längst aufgelöst. Nachdem 1990 die letzten Nachkommen der Malberger den Unterhalt nicht mehr aufbringen konnten, ist die Verbandsgemeinde Kyllburg Eigentümer.

Der einst strategisch wichtige Südwesten der Eifel präsentiert noch unzählige Burgen über tief eingeschnittenen Flusstälern.

In der an Burgen und Schlössern reich gesegneten Südeifel hat der Eigentümerwechsel nicht nur diesem Schloss gutgetan. Die Nutzung der alten Gemäuer variiert. Um die Manderscheider Niederburg kümmert sich seit 1899 der Eifel-Verein. Und in Bitburg beherbergt das auf den Fundamenten einer Wasserburg um 1750 errichtete Rokokoschloss eine integrative Kindertagesstätte und Förderschule. Auf der 700 Jahre alten Wasserburg Rittersdorf laden hingegen Sylvia und Achim Herrmann in ihr Gourmetrestaurant „Herrmann's“. Auch das barockgelb getünchte Schloss Niederweiss im lauschigen Nimstal lädt mit seinem Restaurant zum Verweilen auf der Gartenterrasse ein. Das Rokokojuwel Schloss Weilerbach schließlich verdankt seine Rettung dem Landkreis

Mit einer Produktion von rund vier Millionen Hektolitern Bier pro Jahr gehört
die Bitburger Brauerei zu den ganz Großen in Deutschland

Holsthumer Hopfen zählt zu den besten –
das meinen nicht nur Hopfenbauer Andreas
Dick und die Bitburger Brauerei

Noch ist rund um Holsthum kein Hopfen zu sehen – im Frühjahr
blühen hier erst einmal Raps und Streuobstwiesen

Bitburg-Prüm, der den heiteren Bau für Kulturveranstaltungen nutzt. Die Ausnahme bildet Schloss Hamm. Die spätmittelalterliche Wehranlage ist die größte der noch privat bewohnten Eifelburgen. Doch der finanzielle Aufwand zwingt auch die Grafen von und zu Westerholt und Gysenburg in die Gastgeberrolle. Es gibt Ferienwohnungen, in der Kapelle kann man sich trauen lassen, im Rittersaal werden Konzerte gegeben, und rund um das von zwei Wehrtürmen gefasste Haupthaus finden Events statt.

HOPFEN UND BRAUEREIEN

„Hopfen braucht nasse Füße und einen warmen Kopf", weiß Andreas Dick. Seit den sechziger Jahren bauen die Dicks im südlichen Prümtal Hopfen an. Die an langen Stangen gezogenen, bis zehn Meter hohen Pflanzen finden hier genau die Bedingungen vor, die Andreas Dick treffend zusammenfasst. Zwischen Prümzurlay und Holsthum stehen die Stangen wie überdimensionierte Spargel Spalier – willkommen im „amtlichen Hopfenanbaugebiet Holsthum".

Die Hopfendolden verleihen dem Bier Aroma und lassen die Schaumkrone wie gewünscht stramm über dem Glasrand stehen. Hopfenbauer Dick liefert ausschließlich an die Bitburger Brauerei in der zehn Kilometer entfernten Kreisstadt. Kollegen früherer Zeiten belieferten hingegen vor allem Kölner Brauereien. 386 Hopfenbauern hat es einmal im Bitburger Land gegeben. 1868 riefen sie in Bitburg den Hopfenbauverein ins Leben.

Wie wichtig der Bitburger Siegelhopfen für die Bitburger Brauerei ist, erfährt man in der hypermodernen Marken-Erlebniswelt des 1817 gegründeten Hauses. Dass die erstklassige Braugerste von den Höhenlagen der Eifel und das klare Eifelwasser aus dem hauseigenen, rund 300 Meter tiefen Brunnen ebenfalls ihren Anteil am Erfolg des an deutschen Theken erfolgreichsten Pils haben, erfährt man selbstverständlich auch.

Der vielseitige Künstler Georg Meistermann ist in ganz Europa vor allem für seine Glasfenster bekannt. Die Apokalyptischen Reiter schuf er 1954 für das Alte Rathaus von Wittlich, heute Georg-Meistermann-Museum

Typischer Heilortflair: Bad Bertrichs Flaniermeile bietet Erholung vom harten Kurleben

Als Badeleben adliger Gesellschaft vorbehalten war, entstand am Vorabend der Französischen Revolution das kurfürstliche Badehaus, heute als Bad Bertrichs Kurschlösschen bekannt

Wittlichs ehemalige Synagoge verbindet Neuromanisches mit Jugendstilelementen

Special   EIFEL-WEINBAU

Überraschung

Dass an der nahen Mosel Wein angebaut wird, ist bekannt. Dass in der Eifelstadt Wittlich ebenfalls eine Handvoll Winzer beheimatet sind, dürfte hingegen viele überraschen.

Südlich von Wittlich steigen die die Hügel sanft an. Reben bedecken die Südhänge, soweit das Auge reicht. Möglich macht den Weinbau das Mikroklima der Wittlicher Senke. Klosterberg, Portnersberg, Bottchen, Felsentreppchen und Wittlicher Lay heißen die fünf Lagen, deren Schieferböden die Sonnenwärme tanken. Wälder halten die eisigen Winde ab. Auch für die Riesling-, Weißburgunder-, Kerner-, Regent- und Spätburgunderreben, die das Weingut Lüttiken gepflanzt hat. Im Probierraum „Lüttiken Kabinett" kann man sich vom herb-fruchtigen Riesling Classic bis zur feinen Trockenbeerenauslese die Tropfen des Weinguts auf der Zunge zergehen lassen.

JÜDISCHES LEBEN IN DER EIFEL

„Darum weine ich so..." steht in hebräischen und deutschen Worten auf dem Gedenkstein in der Synagoge Wittlich. Es folgen die Namen aller Mitglieder der einst bedeutenden jüdischen Gemeinde, die im nationalsozialistischen Deutschland zu Tode kamen. Zwischen Oktober 1941 und Juli 1942 wurden die letzten in Wittlich verbliebenen Juden, denen die rechtzeitige Flucht vor Kriegsausbruch nicht gelungen war, deportiert, darunter die fünfzehnjährige Liselotte Mendel und die zweiundachtzigjährige Babette Bermann.

Knapp 70 Jahre nach Ende des Zweiten Weltkriegs gibt es in Wittlich immer noch keine jüdische Gemeinde. Von den einst 300 jüdischen Wittlichern, die ehemals in der Eifelstadt lebten, kehrte niemand zurück. Jeder Dritte wurde in einem Konzentrationslager ermordet.

Sichtbarster architektonischer Zeuge des jüdischen Lebens bleibt in Wittlich die Synagoge. Der 1910 von Kreisbaumeister Johannes Vienken errichtete Bau dient seit 1976 als Kultur- und Tagungsstätte, in der eine Dauerausstellung an das „Jüdische Leben in Wittlich" erinnert. Ein weiterer Erinnerungsort ist der Jüdische Friedhof am Stäreberg, dessen älteste Grabsteine von 1671/1672 stammen.

SÜDEIFELER SCHWEIZ

Nördlich von Irrel läuft die bislang beschauliche Prüm plötzlich Amok. Flankiert von Buntsandsteinfelsen, legt der Fluss gewaltig an Tempo zu und jagt in Stromschnellen davon, die in der Eifel ihresgleichen suchen. Eine überdachte Fußgängerbrücke führt über tosendes Wasser ans andere Ufer. Wenige Kilometer flussaufwärts dann tauchen von Wind und Wetter rund gescheuerte Felssolitäre im Wald auf. Ein wenig erinnert die Szenerie an die Sächsische Schweiz. Schon verschluckt die Teufelsschlucht den Wanderweg. Knapp 30 Meter hohe Felswände engen den Parcours ein. An einer Stelle hat sich ein tonnenschwerer Felsbrocken über den Köpfen in der kaum mehr als schulterbreiten Schlucht verklemmt. Ein typisches Szenario für das Ferschweiler Plateau. Die acht mal vier Kilometer große Hochebene fällt zu drei Seiten mit hohen Sandsteinformationen ab. Wo der Fels der Prüm den Lauf verbarrikadiert hat, suchte sich das Wasser mit Gewalt neue Wege – das Ergebnis ist eine Märchenlandschaft von geradezu Schweizer Flair.

Lebensmodell ohne Zukunft?

St. Thomas, um 1185 als erstes Zisterzienserkloster in Deutschland gegründet, dient dem Bistum Trier als Exerzitienhaus. Die ehemalige Benediktinerabtei Prüm, die auf das Jahr 721 zurückgeht, beherbergte ein Gymnasium und dient sommers als Ausstellungsraum für Künstler der Eifel und der Ardennen. Was viele Klöster bereits ereilt hat, droht nun auch dem Zisterzienserkloster Himmerod – die Schließung.

Im Chor der Himmeroder Klosterbasilika ist ein prachtvolles Gestühl zu finden (oben und unten). Auch an der Klostergaststätte bleibt das Zentrum der Abtei, die Kirche, im Blick (links)

Nicht immer lässt es Menschen unberührt, wenn ein weiteres Kloster schließt. In Himmerod machen die Bürger dagegen mobil. Doch wie lange werden die Zisterzienser bleiben? Dabei wurde Himmerod einst persönlich von Bernard von Clairvaux ausgesucht. Der burgundische Graf war die führende Persönlichkeit des damals noch jungen Ordens. Mütter sollen ihre Kinder versteckt haben, sobald sich der Mönch einem Dorf näherte, um sie der verführerischen Wortgewalt Bernards zu entziehen. Vergebens. Die Kinder fanden den Weg in die Abteien. Die Elite Frankreichs und der deutsche König Konrad III. erlagen dem Charisma Bernards, der sich nicht scheute, für die christliche Sache sogar zum Schwert greifen zu lassen. So empfahl er dem deutschen Reichstag zu Frankfurt einen Kreuzzug gegen die heidnischen Wenden. Sein Übersetzer war Frowin, erster Abt der soeben gegründeten Zisterzienserabtei Salem am Bodensee.

Auf der Suche nach Orten für neue Klostergründungen kam Bernard mit einigen Zisterzienserbrüdern 1135 auch ins stille Salmtal. Die Lage südlich von Eisenschmitt entsprach genau den Gegebenheiten, die für ein Zisterzienserkloster erforderlich waren. Abgelegen sollte es sein, an einem Wasserlauf, der die Fischzucht ermöglichte – in seiner Frühzeit war den Zisterziensern der Verzehr von Fleisch untersagt. Die Abtei wuchs, wurde im Barock umgebaut und unter der französischen Besatzung 1802 aufgehoben. Himmerod verfiel.

1922 gründeten Zisterziensermönche aus der Abtei Marienstatt im Westerwald das Kloster neu. Die Kirche wurde bis 1962 wiederaufgebaut. Aktuell leben ein Dutzend Mönche in Himmerod. Doch die finanzielle Lage ist prekär. So mussten nach großen Verlusten 2008 und 2009 viele Mitarbeiter entlassen und sogar ein Insolvenzantrag gestellt werden.

Doch: „Wir geben uns nicht geschlagen", kommentiert Abt Thomas Denter, vorläufiger Verwalter des Klosters mit Sanierungsauftrag, die Situation. Sein Konzept: „Sparen, sparen und nochmals sparen." Ein Förderverein, im November 2011 gegründet und mittlerweile über 800 Mitglieder stark, engagiert sich für den Erhalt der Abtei. „Ab einem Jahresbeitrag von 35 Euro sind auch Sie dabei!", heißt es. Ob es hilft?

FAKTEN

Abtei Himmerod, Himmerod 3, 54534 Großlittgen, Tel. 06575 95 13 15, *www.abtei-himmerod.de;* Öffnungszeiten Mo.–Fr. 9.00–11.30 und 14.30–17.00, Sa. 9.00–11.30 Uhr
Buch- und Kunsthandlung/Klosterladen: Jan. und Febr. Fr.–So. 11.00-17.00, März–Okt. Do.–Sa. 11.00–18.00, Nov.–Jan. Mi.–So. 11.00–17.00 Uhr
Klostergaststätte: Di.–So. 11.00–21.00 Uhr
Gästehaus: Pater Stephan, Tel. 06575 95 13 21 oder *info@abtei-himmerod.de*

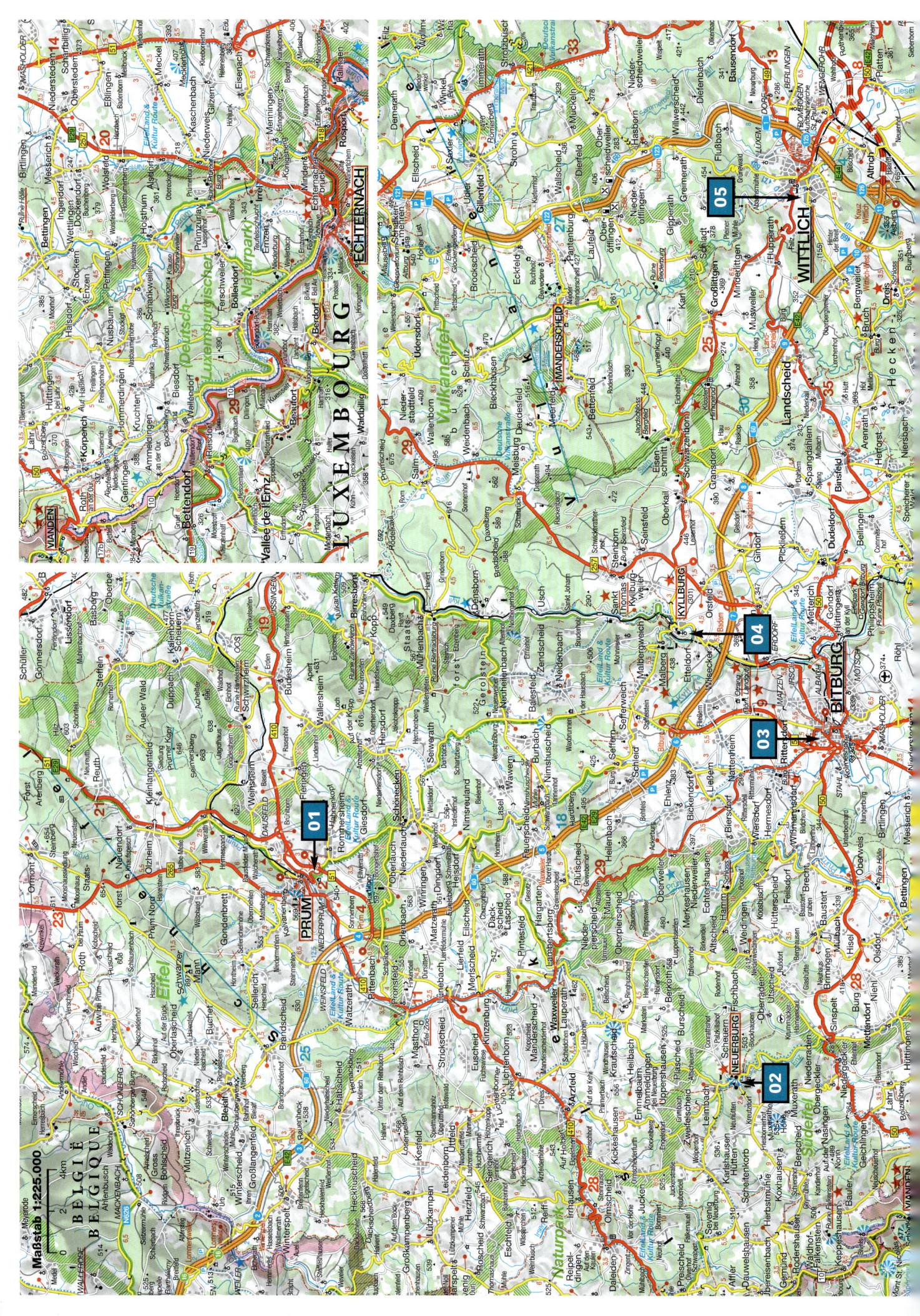

Paradies nicht nur für Naturliebhaber

Ob Schneifel oder Waldeifel, schon im Namen verweist die Südeifel auf ihr Hauptkapital: viel Natur und noch mehr Möglichkeiten, in Wanderschuhe zu steigen oder mit dem Kanu abzulegen. Als Bonus gibt es Burgen, Schlösser, Klöster zuhauf – und damit ist auch bei schlechtem Wetter für Unterhaltung gesorgt.

01 PRÜM

Waldstadt nennt sich Prüm in Bezug auf die Landschaft ringsherum. Abteistadt wäre auch treffend, denn im Luftkurort (5300 Einw.) führt kein Weg am grandiosen Barockgebirge der 799 in Beisein Karls des Großen geweihten und 1802 aufgehobenen Abtei vorbei.

Sehenswert

Das Westwerk der **Basilika St. Salvator** (1721) überragt mit seinen beiden Türmen die Altstadt. Die überaus prachtvollen schlossartigen **Abteigebäude** (um 1745; heute Regino-Gymnasium) gehen auf Pläne des fränkischen Barockbaumeister Balthasar Neumann zurück.
Das **Museum Prüm** widmet sich neben der Geschichte des Klosters auch weltlichen Dingen, etwa der ländlichen Wohnkultur oder dem landwirtschaftlichen Alltag (Tiergartenstraße 54; Juni–Mitte Sept. Di., Do., Sa. und So. 14.00 bis 17.00, sonst Mi., Sa. und So. 14.00–17.00 Uhr).

Aktivitäten

„Auf Schmuggeltour mit Anna Grenze und Wilma Rüber" nennt sich die 7 km lange **Grenzwanderung** mit zwei Gästeführerinnen. Im Mittelpunkt steht der Kaffeeschmuggel an der deutsch-belgischen Grenze, im Prümer Umland einst Volkssport (Anmeldung über Tourist-Information Prümer Land).
Ski und Rodel gut am **Schwarzen Mann** bei Gondenbrett – mit dieser Nachricht erfreute die Schneifel über Jahrzehnte die Freunde des Wintersports. Doch ist auf den Winter auch hier kein so richtiger Verlass mehr. Wenn allerdings die Skilifte im Wintersportgebiet Schwarzer Mann in Betrieb sind, ist der Spaß groß (Schwarzer Mann 1, Gondenbrett, Tel. 06551 96 57 57, www.skiverleih-schwarzermann.de; aktueller Schneebericht für die Schneifel unter Tel. 06551 44 22).

Hotels

Ein Hotel zum Wohlfühlen ist €€ **Haus Feldmaus** (nördl. von Prüm). Die Zimmer sind so unterschiedlich wie ihre Namen: Prinzenkammer, Meerspiegel ... (Knaufspecher Straße 14, 54597 Olzheim, Tel. 06552 99 22 0, www.feldmaus.de). 7 km östl. von Prüm ist der € **Ferienhof Feinen** ein besonders familienfreundlicher

Betrieb – geleitet vom Eifelkrimi-Autor Markus Feinen. Sein elterlicher Bauernhof wurde zudem zur Arche für alte Haustierrassen (u. a. Deutsches Sattelschwein, Meißner Widder, Pommern-Ente; Brunnenstraße 6, 54597 Fleringen, Tel. 06558 85 70, www.ferienhof-feinen.de).

Umgebung

Schönecken (südöstl.) ist das Zentrum der für ihre Dolomitfelsen bekannten Schönecker Schweiz. Die Burg der Grafen von Vianden ist Ruine, das Brauchtum erfreut sich hingegen großer Lebendigkeit. Die Schönecker Eierlage ist ein 7 km langer Osterlauf inklusive Eiersammeln in historischen Kostümen (www.eierlage.de; Ostermontag).
Der Name sagt es schon: In **Bleialf** (15 km nordw.) wurde vom Mittelalter bis ins 20. Jh. Blei gewonnen. Im Besucherbergwerk Mühlenberger Stollen erfährt man bei einer Führung unter Tage mehr (Bergmannsverein St. Barbara, Auwer Straße 32, Tel. 06555 12 27, www.besucherbergwerk.bleialf.org; Mai–Okt. Sa. und So. 14.00–17.00 Uhr nach Absprache).

Information

Tourist Information Prümer Land, Hahnplatz 1, 54595 Prüm, Tel. 06551 505, www.pruem.de

02 NEUERBURG

Der von einer Burg beherrschte Ort (1500 Einw.) gilt als kleine Hauptstadt des grenznahen und oft umkämpften Islek. Das Leben spielt sich vor allem am Marktplatz ab.

Sehenswert

Die zuletzt 1692 zerstörte im Urspr. mittelalterliche **Burg** dient heute als Jugendherberge. Erhalten sind ein Torbau und der Palas; aus dem 18. Jh. stammt das Herrenhaus. Auf Augenhöhe zur Burg erhebt sich die spätgotische **Pfarrkirche St. Nikolaus** (15./16. Jh.). Der angesetzte Turm ist zugleich Tor zur Burganlage.

Information

Tourist-Information, Postfach 1120, 54673 Neuerburg, Tel. 06564 1 94 33, www.neuerburgerland.de

03 BITBURG

Ein Rest mittelalterlicher Stadtmauer und ein Stück rekonstruierter römischer Mauer können nicht darüber hinwegtäuschen, dass die Kreisstadt (12 700 Einw.) im Zweiten Weltkrieg schwer zerstört wurde. Doch hier dreht es sich ohnehin in erster Linie um Bier – die Flotte der Autos, die die Buchstaben BIT-TE im Kenn-

Klösterliche Barockpracht in Prüm

zeichen tragen, ist beachtlich. Die Wagen rollen für den weit und breit größten Arbeitsgeber – die Bitburger Brauerei.

Sehenswert

Das **Kulturzentrum Haus Beda** vereint die größte Sammlung von Gemälden des Eifel-Malers Fritz von Wille (1860–1941). Im Atrium sind römische Funde aus der Region zu bewundern (Bedaplatz 1, Tel. 06561 96 45 0, www.hausbeda.de; Di. 14.00–17.00 Uhr und nach Vereinb.). Das **Kreismuseum Bitburg-Prüm** versteht sich als modernes Heimatmuseum und vermittelt ein Bild der landwirtschaftlichen und industriellen Geschichte der Südeifel (Trierer Straße 15, www.kreismuseum-bitburg-pruem.de; März–Okt. Di. und Mi. 11.00–17.00, Do.–So. 14.00–17.00, sonst Sa. und So. 14.00–17.00 Uhr). Hauptattraktion aber ist die **Bitburger Marken-Erlebniswelt**. Auf 1700 m² kann man während des Rundgangs die fast 200-jährige Geschichte der Brauerei nacherleben und anschließend im alten Kesselhaus ein Bit genießen (Römermauer 3, Tel. 06561 14 24 97, www.bitburger.de; Mo.–Fr. 10.00–19.00, Sa. 10.00–17.30, So. und Fei. 11.00–16.30 Uhr, Führungen nach Vereinb.).

Umgebung

Schloss Hamm verbindet ein Wanderweg mit dem nahen Stausee Bitburg. Beeindruckend erhebt sich der von zwei Rundtürmen flankierte, viergeschossige Wohnbau aus dem 14. Jh. Ebenso alt sind gotischer Saal, Wehrmauer und Burghof. Es gibt zudem zwei Ferienwohnungen (www.schlosshamm.de).
Das **Felsenland Südeifel** bietet Naturwunder auf engem Raum (www.felsenland-suedeifel.de; siehe eingeklinkte Karte). Dazu zählt das Ferschweiler Plateau ▶TOPZIEL (www.ferschweiler.de) an der Grenze zu Luxemburg; die Hochebene wurde schon früh christianisiert – der irische Mönch Willibrord selbst soll nördl. von Ferschweiler das Fraubillenkreuz aus einem

4000 Jahre alten Menhir gemeißelt haben. In der Teufelsschlucht (www.teufelsschlucht.de) östl. Ernzen verläuft ein Rundweg durch eine Buntsandsteinschlucht. Fast ebenso eindrucksvoll sind der Felsenweiher bei Ernzen und die Irreler Wasserfälle.

Das nahe **Schloss Weilerbach** ist ein Rokokojuwel mit industrieller Vergangenheit. Die Benediktinerabtei Echternach betrieb im Eifeler Grenzort Weilerbach ab 1779 eine Eisenhütte. Als Verwaltungssitz der Hütte und Sommerresidenz der Äbte wurde 1780 das Schloss daneben errichtet. Bis in die späten 1950er-Jahre wurde produziert. 1991 konnte der Landkreis Bitburg-Prüm das zerfallene Schloss erwerben und restaurieren. Der Schlossgarten besticht durch spätbarocke Eleganz. Gegenüber kann man die Reste der ehem. Hüttengebäude besichtigen (www.bollendorf.de).

Aktivitäten

Das **Cascade Erlebnisbad** lockt mit Hallenbad samt Riesenrutsche, Strömungskanal, Hangelnetzen oder Freibad samt Breitrutsche, Sprungturm etc. (Talweg 4, Tel. 0656196830, www.cascade-bitburg.de; Di.–So. 10.00–22.00 Uhr).

Hotel und Restaurants

Das Stammhaus der Bitburger Brauerei beherbergt die rustikale Gaststube €€/€ **Zum Simonbräu**: moderne Landküche und ein frisch gezapftes Bier (Am Markt 7, 54634 Bitburg, Tel. 065613333, www.simonbraeu.de; Mo.–Sa. 11.00 bis 14.30 und 18.00–22.30 Uhr).

Nördlich von Bitburg lockt die **Wasserburg Rittersdorf** nicht nur zur Besichtigung – im €€€/€€ **Herrmann's** sitzt man richtig. Hinter

Mosaikschmuck in der Villa Otrang

Tipp

Ein Lesezeichen

Große Schriftsteller in kleinen Orten, ein interessiertes Publikum, dafür ist das Eifel-Literatur-Festival bundesweit bekannt. Hertha Müller, die 2009 den Nobelpreis für Literatur erhielt, etwa las zum Festivalfinale 2012. Zu den seinerzeit 24 Veranstaltungen mit 27 Autorinnen und Autoren kamen immerhin 15000 Besucher. Auch weiterhin werden an verschiedenen Orten im Umkreis von Prüm und Bitburg führende deutsche Schriftsteller aus ihren Werken lesen – Provinz hört sich anders an.

Literaturbüro Eifel, Info-Tel. 06551 2489, www.eifel-literatur-festival.de; April–Okt.

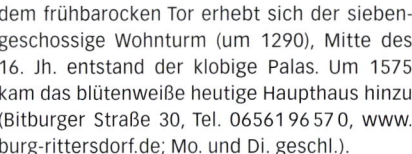

dem frühbarocken Tor erhebt sich der siebengeschossige Wohnturm (um 1290), Mitte des 16. Jh. entstand der klobige Palas. Um 1575 kam das blütenweiße heutige Haupthaus hinzu (Bitburger Straße 30, Tel. 0656196570, www.burg-rittersdorf.de; Mo. und Di. geschl.).

Information

Tourist-Information Bitburger Land, Römermauer 6, 54634 Bitburg, Tel. 0656194340, www.eifel-direkt.de

04 KYLLBURG

Der von der Kyll umrauschte Kneipp- und Luftkurort (900 Einw.) liegt im Herzen der Waldeifel. Im der ehem. Burgsiedlung (14. Jh.) erinnern Barock- und Gründerzeitfassaden einiger Hotels, der Bahnhof aus der Gründerzeit und der mit einem Burgportal verkleidete Eisenbahntunnel an die touristischen Glanzzeiten.

Sehenswert

An die gotische **Stiftskirche** (13.–16. Jh.) auf dem Stiftsberg über der Altstadt lehnt sich ein prachtvoller Kreuzgang. Zur Ausstattung gehören eine Rokokokanzel, Renaissance-Fenster und ein gotisches Chorgestühl (www.stiftskirche.kyllburg.net; tgl. 8.00–18.00 Uhr). Von der **Burg** blieb der Bergfried (Aussichtspunkt).

Umgebung

Die frühgotische Klosterkirche im schlichten Zisterzienserstil bildet in **St. Thomas** (5 km nördl.) einen kräftigen Gegensatz zu den feudalspätbarocken Klostergebäuden. Hübsche Tor-

Renaissance in Wittlich: Altes Rathaus

häuser behüten das Ensemble, heute als Exerzitienhaus des Bistums Trier genutzt (www.bistum-trier.de/sanktthomas).

Schloss Malberg (westl.) thront herrschaftlich über dem gleichnamigen Dorf an der Kyll und vereint in sich für die Eifel einmaliges Ensemble verschiedenster Bauten. Der Alte Bau, ein spätmittelalterlicher Palas, ist durch einen Stiegengang mit der barocken Schlosskapelle verbunden. Das Neue Haus wurde ab 1708 im Stil des norditalienischen Palladianismus errichtet. Auch der Arkadenbau und die „hängenden Gärten" sind italienisch inspiriert. Zum „runden Garten" an der Rückfront des Neuen Hauses gehört eine prachtvolle Terrasse. Der „eiserne Garten" an der Schlossauffahrt ist Nutz- und Ziergarten zugleich (www.schloss-malberg.de; Führungen Mai–Okt. Sa. 14.30 Uhr).

Etwas außerhalb von Fließem (südl.) wurde die **Villa Otrang** (2.-4. Jh.) freigelegt. Zu dem römischen Gutshof gehörten 60 Räume. Sehenswert sind die Bodenmosaike (Otranger Straße, www.villa-otrang.de; April–Sept. Di.–So. 9.00 bis 18.00, Okt. und Nov., Febr. und März Di.–So. 9.00–17.00 Uhr; Gaststätte).

Information

Verkehrsverein Kyllburger Waldeifel, Hochstraße 19, 54655 Kyllburg, Tel. 0656393 0243, www.kyllburg.de

05 WITTLICH

Die Kreisstadt (17800 Einw.) breitet sich mit einem Speckgürtel von Industriebetrieben in einem weiten Tal aus. Römische Spuren bezeugen eine frühe Besiedlung. In der schmucken Altstadt überraschen prächtige Barockfassaden und geradezu dörflich anmutende Winkel. Wittlich ist zudem Weinort.

Sehenswert
Am **Marktplatz** stehen die schönsten Bürgerpalais der Stadt: Der Renaissancebau Haus Wolf ist heute ein Hotel. Daneben erhebt sich das barocke Haus Neuerburg. Es folgt die ehem. Posthalterei von 1753. Am imposantesten aber ist das **Alte Rathaus** aus dem 17. Jh. mit eleganter Renaissance-Fassade, hinter der Gemälde, Grafik und Glas von Georg Meistermann (1911–1990) gezeigt werden; Meistermann schuf rund tausend Glasfenster an 250 Orten in Europa (Di.–Sa. 11.00–17.00, So. und Fei. 14.00 bis 17.00 Uhr). Die ehem. **Synagoge** (1910) ist heute Kultur- und Tagungsstätte. Eine Dauerausstellung widmet sich dem 1933–1945 gewaltsam beendeten jüdischen Leben der Stadt (Himmeroder Straße 44; Di. und Do.–So. 14.00 bis 17.00, Mi. 9.30–12.00 Uhr).

Veranstaltung
Zum weithin bekannten Volksfest **Säubrennerkirmes** werden am 3. Aug.-Wochenende auf dem Marktplatz an die 100 Säue geröstet.

Einkaufen
Der **Wittlicher Weinbau** wird von den Weingütern Losen-Bockstanz (Himmeroder Straße 50, www.loosen-bockstanz.de), Johannes Lütticken (Schlossberg 7, www.luetticken-feine-weine.de), Mertes (Himmeroder Str. 43, www.weingutmertes.de) und Zender-Göhlen (Rosenweg 10, www.weingut-zender.com) repräsentiert.

Umgebung
Bad Bertrich (950 Einw.; www.bad-bertrich.de, östl. außerhalb des Kartenausschnitts, siehe Karte Seite 92) durchweht ein Hauch von Thomas Manns „Zauberberg". Kurfürstliches Schlösschen, Kurpark, Brunnenhalle im Kursaal und klassizistische Villen am Waldrand künden davon, dass die Glaubersalztherme zur Heilung von Rheuma, Magen- und Darmkrankheiten genutzt wird. Mit der Vulkaneifel Therme (Clara-Viebig-Straße 3, www.vulkaneifeltherme.de; tgl. 9.00–22.00 Uhr) setzt das Staatsbad zudem auf zugkräftige Wellness-Angebote.
Eisenschmitt liegt romantisch im Tal der Salm und wurde durch die Schriftstellerin Clara Viebig (1860–1952) als „Weiberdorf" verewigt. Näheres erfährt man im Clara-Viebig-Zentrum (April–Okt. Mi., Sa. und So. 14.00–17.00 Uhr).

Information
Tourist-Information, Neustraße 18, 54516 Wittlich, Tel. 06571 4086, www.wittlich.de

Auf der Vennbahn radeln

Ein grünes Band spannt sich von der Grenze südlich von Aachen bis nach Luxemburg: Die Voie Verte, ein 125 km langer Radweg auf der früheren Trasse der Vennbahn, durchquert die Eifel, Ostbelgien und Luxemburg.

Über ein Jahrhundert, von 1889 bis zur Aufgabe der zuletzt nur noch touristisch genutzten Strecke 2001 war die Vennbahn eine der wenigen sicheren Wege über das Hochmoor. Die Trasse von Aachen über das fachwerkselige Monschau und das belgische Sankt Vith bis ins luxemburgische Troisvierges führt durch tiefe Eifelwälder, wagt sich in die Weite des Hohen Venns und versinkt in lauschigen Bachtälern. Immer wieder wird die grüne Grenze überschritten, ohne dass man sagen könnte, wo Belgien beginnt oder Deutschland endet. Die Steigung liegt bei maximal 2% – noch ein Grund, die stillgelegte Bahnstrecke zum grenzüber-

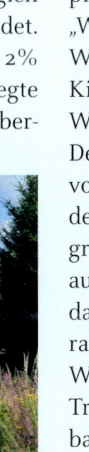

greifenden Radweg auszubauen, fand man vor ein paar Jahren von der Deutschsprachigen Gemeinschaft Ostbelgiens bis zur Städteregion Aachen. 2013 feierte der Vennbahn-Radweg Eröffnung.
Seither brummt es bei Patricia Frebel. Die vergnügte Lütticherin hat am Bahnhof des Grenzdorfs Kalterherberg einen Eisenbahnwaggon Baujahr 1951 zum Café ausgebaut. Gleisbett und Bahnhof liegen bereits in Belgien, was für Patricia Frebel kulinarische Verpflichtung ist. Auf der Karte von „Waffle Time" stehen urbelgische Waffeln, hausgemacht – mit Kirschen, Sahne, Puderzucker.
Weiter südlich in Hemmeres ist Deutschland ein Kiesstrand an der von der Grenze für ein paar hundert Meter in Richtung Osten ausgreifenden Our. Kinder schaukeln auf einem aufgeblasenen Delphin das Flüsschen hinunter. Am Ortsrand brummelt ein Traktor auf der Wiese. Noch ein paar kräftige Tritte in die Pedale und der Vennbahn-Radweg verläuft schon wieder in Belgien – und die nächste Waffelbude kommt bestimmt.

WEITERE INFORMATIONEN

EWIV Eifel-Ardennen-Marketing, Tourismusagentur Ostbelgien, Hauptstraße 54, B-4780 St-Vith, Tel. 0032 80 22 76 64, www.vennbahn.eu. Radverleih, Gepäcktransport, komplette Radtouren mit Übernachtung und Rücktransport per Taxi zum Startpunkt.

Service

ANREISE

Mit dem Auto: Die Autobahn A 4 verbindet Köln und Aachen und ist zugleich ein idealer Zubringer für die Nordeifel. Die A 61 (Köln–Koblenz) tangiert die Osteifel von der Zülpicher Börde über das Ahrtal bis zum Maifeld. Die A 48 (Koblenz–Daun) führt über das Maifeld und durch die Ausläufer der Südeifel bis zum Autobahndreieck Vulkaneifel. Dort stößt die A 48 auf die A 1, die in nördlicher Richtung einmal bis Erftstadt führen wird (Teilstück Kelberg–Nettersheim noch in Planung), und in südlicher Richtung bis zum Autobahnkreuz Wittlich führt. Am Autobahnkreuz Wittlich zweigt die A 60 in Richtung Belgien (St-Vith) via Prüm ab (Teilstück Prüm–Winterspelt nur als teils dreispurige Schnellstraße ausgebaut).

Das Herz der Eifel wird durch ein gut ausgebautes Netz von Bundesstraßen erschlossen: B 257 von Meckenheim via Nürburgring (Staugefahr bei Rennveranstaltungen), Daun, Bitburg ins luxemburgische Echternach. B 51 von Euskirchen via Bad Münstereifel, Blankenheim, Prüm, Bitburg nach Trier. B 265 von Zülpich via Schleiden, Hellenthal nach Prüm. Hinzukommen unzählige, verschlungene Landstraßen. Besondere Vorsicht ist im Herbst bei starkem Laubfall und im Winter bei Eis und Schnee geboten!

Mit der Bahn: Fast im Stundentakt verkehren Züge zwischen Köln und Trier, mit Zwischenhalt u. a. in Kall, Nettersheim, Gerolstein, Kyllburg. Ebenso häufig wird die Strecke Koblenz–Trier mit Zwischenhalt u. a. in Wittlich bedient. An der Ostflanke der Eifel verläuft die linksrheinische Strecke Köln–Koblenz, von der in Remagen die Bahnstrecke ins Ahrtal abzweigt. Von Bonn kann man die Bahn bis Bad Münstereifel nehmen. Über die Reaktivierung der Eifelquerbahn Andernach–Gerolstein wird derzeit heftig gestritten. Aktuell verkehrt der Zug nur über Mayen bis Kaisersesch. Auskunft an allen DB Reisezentren und Reisebüros bzw. auf www.bahn.de. Fahrplan-Auskunft Tel. 0800 150 70 90 (14 ct/Min. Festnetz, Mobilfunk max. 42 ct/Min.).

Mit dem Flugzeug: Die Flughäfen Köln-Bonn (www.koeln-bonn-airport.de) und Frankfurt (www.frankfurt-airport.de) werden von vielen anderen deutschen Flughäfen angeflogen und beide von regulären Fluggesellschaften und Billig-Airlines bedient. Für die Westeifel bietet sich zudem der Flughafen Luxemburg an (www.lux-airport.lu).

AUSKUNFT

Für die gesamte Eifel: Eifel Tourismus, Kalvarienbergstraße 1, 54594 Prüm, Tel. 06551 96 56 0, www.eifel.info

Einzelne Regionen: Rureifel-Tourismus, An der Laag 4, 52396 Heimbach, Tel. 02446 80 57 90, www.rureifel-tourismus.de.
Nordeifel Tourismus, Bahnhofstraße 13, 53925 Kall, Tel. 02441 99 45 70, www.nordeifel-tourismus.de
Ahrtal-Tourismus, Hauptstraße 80, 53474 Bad Neuenahr-Ahrweiler, Tel. 02641 917 10, www.ahrtal.de

Die Südeifel als Weinbaugebiet: Weingut Johannes Lütticken in Wittlich

Touristik-Büro Vordereifel, Kelberger Straße 26, 56727 Mayen, Tel. 02651 80 09 59, www.vordereifel.de
GesundLand Vulkaneifel, Leopoldstraße 9a, 54550 Daun, Tel. 06592 95 13 70, www.gesundland-vulkaneifel.de
Naturpark Nordeifel-Hohes Venn, Bahnhofstraße 16, 53947 Nettersheim, Tel. 02486 91 11 17, www.naturpark-eifel.de
Nationalparkforstamt Eifel, Urftseestraße 34, 53937 Schleiden-Gemünd, Tel. 02444 95 10 0, www.nationalpark-eifel.de

ESSEN UND TRINKEN

Kappes (Weißkohl), Buchweizenpfannkuchen, Döppekooche (ein fester, mit Muskatnuss gewürzter Kuchen aus Speck, Zwiebeln, Eiern und geriebenen Kartoffeln), Graupensuppe mit Rindfleisch, Dicke Bohnen, Himmel und Äd (Kartoffelbrei mit Blutwurst) oder Wirsingeintopf mit Mettwurst sind **Gerichte einer Region**, die über Jahrhunderte mit dem bei Tisch auskommen musste, was die mageren Böden hergaben. Hochküche war – und bleibt – bis auf wenige touristische Zentren die Ausnahme. An Feiertagen kam früher Rheinischer Sauerbraten hinzu, der heute in jedem Restaurant, das auf

sich hält, auf der Karte steht. Freitags war früher Fischtag – vorbei, selbst in der einst zutiefst katholischen Eifel. Forellen gibt es längst an jedem beliebigen Tag und solange Zuchtteiche und Bäche nachliefern. Kurzum, die Küche der Eifel ist traditionell eher deftig.

Wild bestimmt vor allem in Herbst und Winter die Speisekarte. Wildschwein- oder Hirschgulasch, Rehrücken oder Rehsülze zählen dann in den Gasthöfen zu den Klassikern. Es geht freilich auch auf die ganz feine Art. Der Eifeler Rehrücken, den Zwei-Sterne-Koch Hans Stefan Steinheuer in Heppingen an der Ahr serviert, gilt als der landesweit beste.

Darüber hinaus gibt es immer mehr **gastronomische Inseln** in der gutbürgerlich orientierten Restaurantlandschaft. Die Ahr gehört dazu, was sicherlich auch der Nähe zu Bonn und einer damit betuchteren Klientel geschuldet ist. Daun gehört dank dem Schlosshotel „Kurfürstliches Amtshaus" ebenfalls dazu, in dem der junge Chefkoch Christoph Schmah das Reh aus der Eifeljagd mit Spitzkohl, Sellerie und Maronen so perfekt zubereitet, dass der Michelin ihm einen Stern dafür verlieh. **Eifellamm** ist eines der Produkte, mit denen sich die Region kulinarisch neu aufstellt.

Was dazu ins Glas kommt? Die Eifel ist zuallererst eine **Bierregion** – man denke an die Brauereien in Monschau, Mendig oder Bitburg. **Rotwein** von der Ahr oder ein Riesling aus der Wittlicher Senke sind dagegen eher etwas für die gehobene Gastronomie. Natürlich kann man den Durst auch mit einem **Mineralwasser** aus der Eifel stillen. Die bekanntesten Quellen sprudeln in Gerolstein, im Brohltal, in Daun, in Nürburg oder im Ahrtal (Appollinaris). Ansonsten bliebe noch ein hochprozentiges Wasser

Anzeigen

Erholung vom Alltag – wie im Urlaub!

EIFEL-THERME ZIKKURAT
ERHOLUNG VOM ALLTAG

An der Zikkurat 2
53894 Mechernich-Firmenich
Tel.: 02256/95 79 - 0 · Fax: 02256/95 79 - 19
www.eifel-therme-zikkurat.de

Entdecken Sie neue Welten…

Die Eifel-Therme Zikkurat bietet Bade- und Sauna-vergnügen auf 13.000 m².

Außerdem erwarten Sie eine Menge toller Massage- und Wellness-Angebote!

Wir freuen uns auf Sie!

www.lemm.de

[Naturerleben entlang der Bahn]

Rad- und WanderBahnhöfe
Nordeifel

- aussteigen und einsteigen: vom Bahnhof ins attraktive Wegenetz der Nordeifel
- bequem von Bahnhof zu Bahnhof radeln oder wandern
- flexible Streckenlängen
- Einkehr- und Übernachtungsmöglichkeiten
- Informationspunkte zu Rad- und Wanderwegen

Das Projekt wird gefördert durch:

Kreis EUSKIRCHEN
Einfach wohl fühlen!

EUROPÄISCHE UNION
Investition in unsere Zukunft
Europäischer Fonds
für regionale Entwicklung

Ministerium für Wirtschaft, Energie,
Industrie, Mittelstand und Handwerk
des Landes Nordrhein-Westfalen

Weitere Informationen unter:
www.radundwanderbahnhoefe-eifel.de

www.ene-strom.de

„In de Eefel für de Eefel do"

ene
energie nordeifel

Hindenburgstr. 13   53925 Kall   Tel.: 02441 82-300

Das Kriminalhaus

Ein ganzes Haus im Zeichen des Krimis

Café Sherlock

Deutsches Krimiarchiv

Sherlock Holmes-Ausstellung

Buchhandlung Lesezeichen

Krimi-Antiquariat

Am Markt 5-7 · 54576 Hillesheim · Tel. 06593-809433 · www.kriminalhaus.de
Montag-Sonntag, 9.00 -18.00 Uhr, auch an Sonn- und Feiertagen!

Service

aus einer der renommierten Brennereien. **Obstbrände** haben in der Eifel Tradition und erleben eine Renaissance. So haben sich zehn Brenner zur Regionalmarke „Eifel Edelbrand" zusammengeschlossen. Einzelne Brenner genießen geradezu Kultstatus: Das Hofgut Sachsen-Wagner aus Gleichlingen ist für eine Bio-Brände bekannt. Die Brennerei Vallendar aus Kail heimst auf Messen einen Preis nach dem anderen ein. Und die Rockeskyller Brennerei Neuerburg lädt auch zur Besichtigung ein (Dorfstraße 43, www.rockeskyller-brennerei.de).

Aus Römerzeiten: Aquädukt bei Mechernich

RESTAURANTS

Die Bandbreite reicht von der Imbissbude an der Bundesstraße bis zum Sternerestaurant auf der Burg. Das Mittelfeld bilden alteingesessene Dorfgasthäuser und Kneipen, gutbürgerliche Ausflugslokale in einsamer Lage oder das flotte Bistro in einer Kreisstadt. An der Ahr kommen urige Weinstuben hinzu, in Aachen schicke Restaurants mit trendigem Interieur. Als Faustregel gilt, je nobler die Adresse, desto eher sollte man reservieren. Auch zu Hauptreisezeiten – etwa die langen Feiertagswochenenden im Mai oder die Herbstferien – kann es ohne Reservierung eng werden.
Eine kleine **Auswahl an Restaurants und Cafés** wird auf den Infoseiten vorgestellt.

Preiskategorien

€€€	Hauptspeisen	über 45 €
€€	Hauptspeisen	20–45 €
€	Hauptspeisen	bis 20 €

Geschichte

5000–500 v. Chr. Die Eifel wird von ihren Rändern aus besiedelt. Erst um 500 schreitet auch die Besiedlung der inneren Höhenzüge voran.

58 v. Chr. Der römische Feldherr Julius Caesar stößt auf seinem Eroberungszug bis an den Rhein vor.

1.–3. Jh. Die Eifel wird Teil des Römischen Reichs. Aachen entwickelt sich zum Militärbad. Zwischen Trier und Köln entsteht eine Militärstraße. Eine Wasserleitung versorgt Köln aus der Eifel mit Frischwasser. Überall werden Villen und Tempel gebaut, Kastelle errichtet, Siedlungen und Steinbrüche gegründet.

5.–8. Jh. Die Franken dringen in die Eifel vor und führen verstärkt die Landwirtschaft ein. Mit dem Niedergang des Römischen Reichs beginnt ab dem 6. Jh. die Christianisierung der Bevölkerung. Erste Klöster entstehen, darunter Prüm und Münstereifel.

9. Jh. Karl der Große weitet das Frankenreich bis an den Rhein und darüber hinaus aus. Die Eifel ist nicht länger Grenzland, sondern rückt ins Zentrum der karolingischen Macht. Aachen wird Karls Lieblingssitz. Nach seinem Tod wird die Eifel dem Ostfränkischen Reich zugeschlagen.

936 Aachen avanciert mit der Krönung Ottos I. zum Krönungsort der deutschen Könige.

11.–13. Jh. Politisch zerfällt die Eifel in ein Mosaik von Territorien, was sich im Bau von knapp 150 Burgen niederschlägt. Daneben weiten weitere, neu entstandene Klöster ihre Herrschaftsbezirke aus, so etwa die Klöster Maria Laach (ab 1093) und Himmerod (ab 1138).

14.–15. Jh. Die Macht der kleinen Territorialherren schwindet zugunsten vier großer Mächte: im Norden Kurköln und Jülich, im Süden Kurtrier und Luxemburg. Da sowohl die geistlichen als auch die weltlichen Machthaber ihre Residenzen außerhalb der Region unterhalten, werden in der Eifel keine größeren Städte gegründet. Dennoch wird die Wirtschaftsentwicklung gefördert; Basaltgruben, Blei- und Eisengewinnung sowie Tuchherstellung bringen gewissen Wohlstand.

16.–17. Jh. Jülicher Fehde (zwischen den Herzogtümern Jülich-Kleve-Berg und Kaiser Karl V.), der konfessionelle Kölner Krieg gefolgt vom Dreißigjährigen Krieg und die Eroberungszüge des französischen Königs Ludwig XIV. verwüsten und ruinieren die Eifel.

1794–1815 Das linke Rheinufer wird von französischen Truppen besetzt, die Eifel ein Teil des revolutionären Frankreichs. Alle Klöster werden aufgehoben, die weltlichen Herren ihrer Privilegien entledigt. Die Franzosen bleiben bis zu Napoleons Niederlage im Rheinland und in der Eifel. Auf dem Wiener Kongress werden Aachen und die Eifel Preußen zugesprochen. Die Preußen teilen das Gebiet in die vier Regierungsbezirke Aachen, Köln, Koblenz und Trier auf.

19. Jh. Der Straßenbau wird vorangetrieben, die Eifel mit Fichten aufgeforstet, 1871 die Bahnlinie Köln–Trier eröffnet und die Rheinisch-Westfälische Technische Hochschule gegründet.

1914–1918 Im Ersten Weltkrieg wird die Eifel Aufmarschgebiet deutscher Truppen, die auf dem Weg durch das neutrale Belgien französische Befestigungen in Lothringen umgehen. Mit dem Versailler Vertrag werden Eupen, Malmédy und St. Vith (Ostkantone) nach Volksabstimmung belgisch.

1925–1927 Zur wirtschaftlichen Strukturverbesserung im ländlichen Raum wird der Nürburgring gebaut.

1930er-Jahre Die nationalsozialistischen Machthaber lassen den Westwall anlegen. Jüdische Gemeinden werden gewaltsam durch Verfolgung, Deportation oder Auswanderung ihrer Mitglieder aufgelöst.

1939–1945 Im Zweiten Weltkrieg werden fast alle Städte und viele Dörfer durch den Frontlauf und alliierte Bombardements zerstört. Im März 1945 rücken die Amerikaner ein.

1946–1949 Die Eifel wird entsprechend den amerikanischen und französischen Besatzungszonen administrativ neu geordnet. Der Norden gehört nun zu Nordrhein-Westfalen, der Süden zu Rheinland-Pfalz.

1976 Die Euregio Maas-Rhein belebt und vernetzt das Dreiländereck Belgiens, der Niederlande und Deutschlands.

1978 Der Aachener Dom wird Welterbestätte der Unesco.

2004 Gründung des Nationalparks Eifel als ersten Nordrhein-Westfalens.

2007/2008 Mit dem Eifelsteig quert ein 300 km langer Fernwanderweg die Region.

2013 Der grenzübergreifende Vennbahn-Radweg wird eröffnet.

2014 Das Centre Charlemagne in Aachen öffnet seine Pforten. Die Stadt erinnert mit einem Ausstellungs- und Veranstaltungsreigen an den 1200. Todestag Karls des Großen.

Anzeigen

WANDERPARADIES VORDEREIFEL

Verbringen Sie erholsame Tage in der Vordereifel, zwischen Rhein, Mosel und Ahr, wo zerklüftete Felsen, weite Wiesentäler und verschlungene Bachläufe eine beeindruckende Naturschönheit geschaffen haben. Als Wanderparadies und auch für Erholungssuchende ist sie ein beliebtes Ziel; z. B. beim entspannten Wandern über unsere acht „Traumpfade"-Premiumwanderwege.

Besondere Anziehungspunkte sind das Fachwerkdorf Monreal, die Burgruine Virneburg, die Wallfahrtskapelle St. Jost, das Besucherbergwerk Grube Bendisberg und Schloss Bürresheim. Außergewöhnlich ist auch der 25 m hohe „Booser Eifelturm", ebenso wie die Naturdenkmäler „Ettringer Lay" und „Kottenheimer Büden", die den vulkanischen Ursprung unserer Region erläutern.

Touristik-Büro Vordereifel
Kelberger Straße 26 · 56727 Mayen
Telefon (0 26 51) 80 09-59 · Telefax (0 26 51) 80 09-20
www.vordereifel.de · tourismus@vordereifel.de

Feuer   Wasser   Steine

Mehr Informationen, Tourenvorschläge und aktuelle Veranstaltungen gibt's unter
Info-Hotline:
02632-98750

○ INFOZENTRUM ● LAVA-DOME ● GEYSIR ANDERNACH ● TERRA VULCANIA ● RÖMERBERGWERK MEURIN

www.vulkanpark.com
facebook.com/vulkanpark

Schlummernde Vulkane, ein schäumender Geysir und abenteuerliche Bergwerke – im Vulkanpark in der Osteifel gibt es viel zu entdecken. 5 moderne Erlebniszentren und 20

Landschaftsdenkmäler werden Sie begeistern! Unternehmen Sie eine faszinierende Zeitreise in die Welt der Eifelvulkane, ein Abenteuer für die ganze Familie.

VULKANPARK
natürlich einzigartig ...

Vulkanpark Brohltal / Laacher See

Nationaler Geopark
VULKANLAND EIFEL
Vulkanpark Brohltal/Laacher See

Willkommen in der faszinierenden Welt der Vulkane:
Traumhafte Aussichten, paradiesisches Wandervergnügen und außergewöhnliches Naturerlebnis!
Eintauchen in die Schönheit des Vulkanparks Brohltal/Laacher See: Ob zu Fuß, per Rad oder mit der nostalgischen Schmalspureisenbahn „Vulkan-Expreß"
- das Brohltal eröffnet Gästen viele Möglichkeiten, Land und Leute, Traditionen und Bräuche sowie regionale Köstlichkeiten kennen zu lernen.

Informationen:
Tourist-Information Brohltal
Kapellenstraße 12
56651 Niederzissen
Tel. 02636/19433
tourist@brohltal.de
www.brohltal-tourismus.de

Genießen Sie naturbelassene Bierspezialitäten und regionale Küche mit Zutaten aus der Vulkaneifel in gemütlicher Brauhausatmosphäre oder im idyllischen Biergarten. Erleben Sie eine Führung durch die „Gläserne Brauerei" oder steigen Sie hinab in die unterirdischen Mühlsteinbrüche und den tiefsten Bierkeller der Welt (153 Stufen, 30 Meter tief).

Führungen: samstags, sonntags und an Feiertagen jeweils um 15 Uhr (Brauereiführung) und 16 Uhr (Kellerführung). Weitere Termine für Gruppen ab 10 Personen nach Voranmeldung.

Öffnungszeiten:
Brauhaus: Mo.-So. 11:00 bis 23:00 Uhr
Biergarten: Mo.-So. 12:00 bis 23:00 Uhr
             (wetterabhängig)

VULKAN
BRAUTRADITION SEIT 1875

Vulkan Brauerei GmbH & Co.KG • Laacher-See-Str. 2 • 56743 Mendig • Tel.: (02652) 520 330 • www.vulkan-brauerei.de

Service

SPORT

Motorradfahren: Um Ostern, spätestens aber an den langen Feiertagswochenenden im Frühling röhren in der Eifel die Motoren. Biker aus den Niederlanden, aus Belgien und allen Teilen Deutschlands lieben die Haarnadelkurven, Serpentinen, und das langgezogenen Kehren der Eifel. Das Kurvengebirge des Nürburgrings befeuert die Vorliebe mit Motorradevents. Die Straßen sind zudem gut ausgebaut. Als „Motorrad-Eifel" haben sich Hotels, Ferienwohnungen, Campingplätze zusammengeschlossen, die speziell auf Motorradtouristen eingestellt sind (www. eifel-motorrad.de). Bis zum Herbst dröhnen die Motoren und verwandeln die Eifel in den Ohren von ruhesuchenden Urlaubern oder gemütlich durch die Gegend zuckelnden Autofahrern bisweilen in eine grüne Hölle. Kreuze hinter Leitplanken oder an einsamen Kurven erinnern an die vielen tödlichen Motorradunfälle – Witterungsumschläge, überhöhte Geschwindigkeit und riskante Fahrmanöver fordern ihren Tribut.

Radfahren: Mountainbiker kommen in der Eifel voll auf ihre Kosten. Allein um Bad Münstereifel sind 300 km Pisten ausgewiesen. Die Höhepunkte sind in 10 Einzeltouren mit Streckenlängen von 18 bis 68 km und unterschiedlichen Schwierigkeitsgraden gebündelt (www.mtb-muenstereifel.de). Das Landschaftsbild – Stichwort harte Steigungen, abenteuerlich steile Abfahrten – ermuntert ansonsten untrainierte Radfahrer auf den ersten Blick nicht unbedingt dazu, in der Eifel aufs Rad zu steigen. Falsch! Nach und nach werden ehemalige Bahntrassen zu Radwegen umgewandelt, auf denen es kaum Steigungen zu bewältigen gibt: **Maare-Mosel-Radweg** (58 km), Enztal-Radweg (50 km), **Prüm-Radweg** (90 km) oder **Vennbahn-Radweg** (125 km) sind die bekanntesten Bei-

Ahrtalwanderungen führen an Wein vorbei

spiele. Sogenannte Flussradwege – es geht immer am Ufer lang – sind ähnlich kommod, wie etwa **Kylltal-Radweg** (130 km) oder **Ahrtal-Radweg** (77 km) zeigen.

Für sportliche Radfahrer geeignet sind hingegen die Themenradwege **Eifel-Höhen-Route** (230 km) oder **Vulkan-Rad-Route** (68 km). Doch gemach! Leichter treten durch E-Power lautet der Trend. Das E-Bike hat mit Verleihstationen, Akkuwechselstationen und Ladestationen die Eifel erobert (www.movelo.com, www.eifelrad.de).

Wer runter vom Sattel möchte, steigt in den **RegioRadler** um: Von April bis Nov. nehmen Busse und Bahnen auf 9 Routen Radler und Rad mit (www.radwanderland.de).

Reiten: Auch in der Eifel liegt das Glück der Erde auf dem Rücken der Pferde – 58 Bauernhöfe, Pferdehöfe, Landhotels („Eifel zu Pferd") empfangen Ross und Reiter. Ein breites Spektrum von Routenpauschalen bietet zudem für jeden Geschmack und Anspruch das Richtige, sei es der viertägige Wanderritt **Durch die Maare zum Goldberg**, der zweitägige **Mühlenritt** rund um den Nürburgring, ein **Einsteigerritt** auf jungen Pferden speziell für Familien mit Kindern oder eine viertägige **Kutschfahrt** (www.eifelzupferd.de).

Wandern: Nicht zuletzt dank dem Eifelverein (www.eifelverein.de) ist und bleibt die Eifel ein Wanderparadies. Die 29 000 Mitglieder kümmern sich freiwillig um den Unterhalt von rund 3000 km Fern,- Weit-, Haupt-, Regional- und Gebietswanderwege und deren Markierung (in der genannten Reihe nach: FWW, WWW, HWW, RWW und GWW). Weitere 6000 km örtlicher Wanderwege kommen hinzu.

Die Wandermagistrale der Eifel ist der 313 km lange **Eifelsteig** von Aachen nach Trier (www. eifelsteig. de), an dem sich fast alle großen

Daten und Fakten

Lage: Zwei Bundesländer teilen sich die 5300 km² große Eifel. Auf Nordrhein-Westfalen entfällt der nördliche Teil, auf Rheinland-Pfalz der südliche Teil. Landschaftlich gehört die Eifel zum Rheinischen Schiefergebirge. Die Region wird im Osten durch den Rhein, im Süden durch die Mosel, im Westen durch die deutsch-belgische Grenze und im Norden durch die Zülpicher Börde begrenzt. Als Kulturlandschaften haben sich herauskristallisiert: Im Norden die Voreifel, das Hohe Venn, die Rureifel, die Ahreifel, die Kalkeifel. Im Osten die Rheineifel, das Maifeld, und die Östliche Hocheifel mit dem höchsten Gipfel der gesamten Region, der Hohen Acht (747 m). Im Süden die Mosel-Eifel, die Wittlicher Senke, das Bitburger Gutland. Im Westen die Kyllburger Waldeifel, die Westliche Hocheifel, Schneifel und Islek.

Natur: Das Wetter wird vorwiegend von atlantischem Klima bestimmt. Niederschläge kommen in erster Linie aus dem Westen und Nordwesten, wobei die Mengen sehr unterschiedlich verteilt sind. Während über dem Hohen Venn im Jahresmittel 1300 mm niedergehen, halbiert sich der Wert nördlich der Wetterscheide auf der Höhe von Blankenheim.

Der Naturpark Nordeifel stellt 1760 km² unter Schutz und gehört zum Deutsch-Belgischen Naturpark Hohes Venn-Eifel. Der Naturpark Südeifel ist mit 433 km² deutlich kleiner und gehört zum Deutsch-Luxemburgischen Naturpark. Als 14. deutscher Nationalpark kommt der Nationalpark Eifel mit 110 km² hinzu.

Bevölkerung: Die Eifel ist eine der am dünnsten besiedelten Gebiete Deutschlands. Bis auf stadtnahe Randgebiete, die auf Pendler aus Köln, Aachen, Koblenz bauen können, leidet die Region unter Landflucht. Die Bevölkerungsdichte im Landkreis Vulkaneifel liegt bei 68 Einw./km², im Landkreis Bitburg-Prüm bei 58 Einw./km², im Kreis Euskirchen bei 150 Einw./km² (Deutschland gesamt 226 Einw./km²). Die Bevölkerung in der von den Erzbistümern Trier und Köln stark geprägten Region ist überwiegend katholisch.

Wirtschaft: Magere Böden, steile Hänge, lange Winter sind auf den ersten Blick keine günstigen Eckdaten für die Landwirtschaft. Doch das Bild ist bei näherem Blick vielfältig: Kartoffeln, Zuckerrüben, Getreide gedeihen im Norden um Düren und auf dem Maifeld im Osten, während im Westen und Süden die Milchviehhaltung und Weidewirtschaft dominieren. Bier, Mineralwasser und in geringerem Maß Wein sind Verkaufsschlager. Hinzu kommt Forstwirtschaft. Der Abbau von Tuff, Basalt, Schiefer, Gips geht bis auf die Antike zurück.

Die Region setzt verstärkt auf den Tourismus. Aktivurlaub (Wandern, Radfahren …), Erlebnisurlaub (Vulkanpark, Krimitouren, Nürburgring …) und Naturerlebnis (Ferien auf dem Bauernhof, Naturparks …) lauten die Trends. Mit dichten Wäldern, Bergen und Tälern lockt die Eifel neben deutschen Gästen vor allem Urlauber aus den „flachen" Nachbarländern Niederlande und dem flämischen Belgien.

Anzeigen

Bildschön.

12/3 · www.lutzgestaltet.de

Die Vulkaneifeltherme bietet fast grenzenlose Möglichkeiten zum Wohlbefinden und viel Platz fürs Ich. Täglich von 9 bis 22 Uhr. In der Clara-Viebig-Str. 3-7 in Bad Bertrich, Telefon 02674-913070, www.vulkaneifeltherme.de

vulkaneifel
therme
Die Vitalquelle in Bad Bertrich

VULKAN HAUS STROHN
ein MUSEUM der besonderen Art

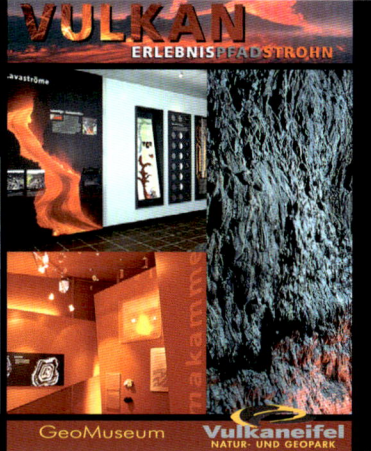

Erleben Sie die spannende und feurige Vergangenheit der Vulkane. **Hören, Sehen, Riechen und Fühlen** – im Vulkanhaus werden mit allen Sinnen komplexe Zusammenhänge „begreifbar". Bewundern Sie ein erdgeschichtliches Denkmal: Die für ganz Mitteleuropa einzigartige **Lavaspaltenwand**. Auf dem „Vulkanerlebnispfad" werden viele Geheimnisse wie z. B. das der **Lavabombe**(n) gelüftet.

Öffnungszeiten Museum und Café/Bistro: April - Oktober: Di. - So. 10 - 17 Uhr, November - März: Di. - So. 13 - 17 Uhr, montags geschlossen

Hauptstr. 38 · D - 54558 Strohn · Tel. (+49) 06573 / 95 37 21
www.vulkanhaus-strohn.de

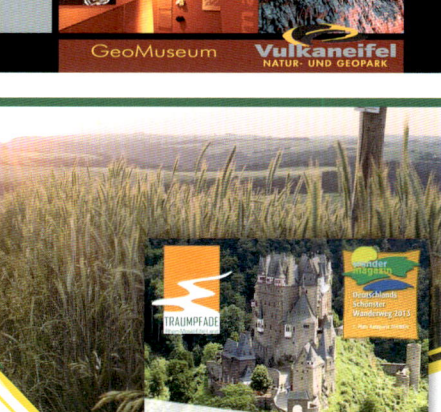

GeoMuseum Vulkaneifel NATUR- UND GEOPARK

DAS MAIFELD
Weites Land zwischen Eifel und Mosel

Auf Traumpfaden das Wandern genießen:

- ELTZER BURGPANORAMA
- NETTE-SCHIEFERPFAD
- PYRMONTER FELSENSTEIG

DAS MAIFELD
engagiert in die zukunft

Deutschlands Schönster Wanderweg 2013
Der Traumpfad Eltzer Burgpanorama

Tourist-Information Maifeld • tourist@maifeld.de • Tel.: +49 (0)26 54-94 02-120 • www.maifeld.de

Mayen - Das Tor zur Eifel

Mayenzeit
leben und erleben

EIFEL

Kultur
Wandern
Radfahren

Tourist-Information Mayen
Altes Rathaus am Markt · 56727 Mayen
GPS: 50°32879 N - 7°22205 O
Tel.: 0 26 51 / 90 30 04 (-07)
Fax: 0 26 51 / 90 30 09
eMail: touristinfo@mayenzeit.de

Besuchen Sie die Burgfestspiele oder die traditionellen Märkte und Veranstaltungen. Oder erleben Sie das Eifelmuseum mit Deutschem Schieferbergwerk, das Vulkanpark-Erlebniszentrum Terra Vulcania, das Mayener Grubenfeld oder die Römerwarte Katzenberg. Genießen Sie ein Stück „Mayenzeit"!

www.mayenzeit.de

© **Marzi** InterMedia 2013. www.mig.info
Fotos: Kappest /Vulkanpark, Tourist-Info Mayen

Service

Sehenswürdigkeiten wie etwa Hohes Venn, Rursee, Kloster Steinfeld, das Fachwerkstädtchen Blankenheim, die Krimihauptstadt Hillesheim, die Geopark-Stadt Gerolstein, die Dauner Maare oder Burg Ramstein aufreihen. 15 Etappen mit einer Länge von 15 bis 29 km führen von Nord nach Süd über Hochebenen, Bergzüge, Wacholderwiesen oder durch tiefe Täler. Wasser und Felsen sind ständig dabei – schließlich lautet das Motto des Eifelsteigs „Wo Fels und Wasser dich begleiten". Ähnlich abwechslungsreich konzipiert ist der 89 km lange **Ahrsteig** von der Quelle der Ahr in Blankenheim bis zu ihrer Mündung in den Rhein bei Sinzig (www.ahr steig.de). In 7 Etappen mit einer Länge von 11 bis 19 km geht durch Buchenwälder, über Hoch- und Heideflächen, vorbei an steilen Felsen und durch Weinberge. Ein beliebter Themenweg ist der 116 km lange **Römerkanal-Wanderweg** von Nettersheim nach Köln (www. roemerkanal-wanderweg.de). In 7 Etappen mit einer Länge von 13 bis 22 km folgt der Weg der antiken Wasserleitung, mit Zwischenstopps an römischen Tempelresten, Brunnenfassungen oder einem Aquädukt.

Frischen Wind ins Wanderland Eifel bringen die 16 **Traumpfade** (www.traumpfade.info). Premiumwandern lautet das Leitmotiv der 9 bis 16 km langen Rundwege, die bei Streckenführung, Wegbeschaffenheit, Einkehrmöglichkeiten und Markierung höchsten Anforderungen genügen. Ganz den geologischen Ursprüngen der Eifel verpflichtet sind die 14 **Vulkaneifel-Pfade** (Informationen zu jedem einzelnen Pfad auf der interaktiven Tourenkarte im Internet, www. eifel.info/wandern.htm). Durch die wilde Schönheit des Naturparks Südeifel führen die 14 **Eifeltouren** (www.naturwanderpark.eu).

Eine eher gemütliche Tour: Kanuten auf der Rur bei Heimbach

Wie immer man sich entscheidet: Wanderfreundliche Gastgeber bürgen für Freude an Bett und Tisch, die vom Eifel Tourismus angebotenen Wanderarrangements inklusive Übernachtung, Wanderkarte, Gepäcktransport und Lunchpaket sorgen für stressfreie Wandererlebnisse (www.eifel.info.de).

Wassersport: Die mit Abstand größten Möglichkeiten bietet der Rursee, inklusive Kanuverleih und Badestränden. Apropos Baden: In vielen Seen sind Baden und Schwimmen verboten, weil das Gewässer als Trinkwasserreservoir dient (u, a, Oleftalsperre) oder Naturschutzgebiet ist (u. a. Totenmaar). Manche Seen sind an einigen Uferabschnitten wie Freibäder ausgebaut (Schalkenmehrener Maar, Laacher See, Gemünder Maar). Und sollte das Wetter mal nicht mitspielen, bietet sich ein Besuch in einem der Freizeit- bzw. Wellnessbäder an: in Bad Aachen die Carolus-Thermen (www. carolus-thermen.de), in Bitburg das Cascade Erlebnisbad (www.cascade-bitburg.de), in Bad Bertrich die Vulkaneifeltheme (www.vulkan eifeltheme.de) oder in Mechernich-Firmenich die Eifel-Therme Zikkurat (An der Zikkurat 2, www.eifel-therme-zikkurat.de; 10.00/11.00 bis 20.00/21.00 Uhr). In vielen Bächen und Flüssen kann man sich ebenfalls abkühlen. Für Kanus sind Rur, Sauer, Prüm, Elz oder Kyll geeignet. Für sportliche Kanuten eignen sich Stromschnellen der Prüm bei Irrel.

Wintersport: Die Zeiten, in denen der Winter zwischen Prüm und der Grenze zu Ostbelgien verlässlich Einzug hielt und über lange Wochen die Kiefern der Hochflächen zu majestätischen Eiskerzen erstarrten, sind leider Vergangenheit. Auf Höhen von knapp 700 m lag der Schnee oft bis weit in den März. „Ski und Rodel gut" kann es am **Schwarzen Mann**, dem mit 697 m dritthöchsten Gipfel der Eifel, dennoch

hin und wieder heißen. Dann lockt das dortige Wintersportgebiet mit Schleppliften, Abfahrtspisten, Langlaufloipen und Rodelbahn. Und die Region trägt ihren Namen wieder zu Recht: Schneifel lautet er, zusammengesetzt aus den Worten „Schnee" und „Eifel".

UNTERKUNFT

Hotels, Pensionen, Ferienhäuser und -wohnungen: Das Angebot ist in der seit vielen Jahrzehnten bereisten Tourismusregion groß. Der alte Dorfgasthof mit in die Jahre gekommener Blümchentapete, Kruzifix über dem Bett und Toilette auf dem Gang hat größtenteils ausgedient. Modern eingerichtete Zimmer sind fast überall Standard. In Aachen, an der Ahr, einigen Kreisstädten, aber auch in der tiefsten Eifel kommen Luxushotels hinzu, die mit Wellnessbereich und perfektem Service um Gäste werben. Viele Hotels vermieten zudem Appartements. Daneben werden Ferienwohnungen und -häuser immer beliebter. Eine kleine **Auswahl an Hotels und Pensionen** findet sich auf den jeweiligen Infoseiten.

Ferien auf dem Bauernhof versprechen eine vor allem für Familien attraktive Alternative. Das Erfolgsrezept: Auf Du & Du mit der Kuh, Eier sammeln, bei der Heuernte mitmachen und vielleicht sogar einmal mit auf den Trecker steigen.

 Tipp

Zum Weiterlesen

Jacques Berndorf (www.jacques-bern dorf.de), mit bürgerlichem Namen Michael Preute, gilt als Vater des Eifel-Krimis. Seit „Eifel-Blues" (1989) schickt der ehemalige Journalist seinen Helden Siggi Baumeister auf Tätersuche. Im jüngsten Werk „Eifel-Krieg" (2013) geht es um Heckenschützen und Neonazis. **Ralf Kramp** (www.ralfkramp.de) hat mit seinem eher glücklosen Helden Herbie Feldmann („Totentänzer", „Hart an der Grenze") eine Ikone des Eifel-Krimis geschaffen. Der **Eifel Krimi-Reiseführer von Josef Zierden** führt an Tatorte aus Eifel-Krimis, ob real oder fiktiv (www.kbv-verlag.de).

Preiskategorien

€€€	Doppelzimmer	über 120 €
€€	Doppelzimmer	70–120 €
€	Doppelzimmer	bis 70 €

Anzeigen

BRENNEREI

NEUERBURG
BRENNEREI seit 1842

- **Brennereibesichtigung**
- **Verkostung**
- **Direktverkauf**
- **Bewirtung für Gruppen**

Rockeskyller Brennerei Neuerburg

Dorfstraße 43 ▪ 54570 Rockeskyll
Tel. 0 65 91 - 44 50 ▪ Fax 0 65 91 - 982 101
www.rockeskyller-brennerei.de

Eine märchenhafte Felsenwelt ...

hat dem Feriengebiet im Südwesten
der Eifel im Deutsch-Luxemburgischen
Naturpark ihren Namen gegeben.
Erleben Sie Natur und Kultur in einer
einzigartigen Landschaft!

Naturparkzentrum Teufelsschlucht
www.teufelsschlucht.de

Freie Smartphone App!

Felsenland Südeifel

Abenteuer Natur –
Das Felsenland Südeifel

Felsenland Südeifel Tourismus GmbH
Im Abteihof · Neuerburger Straße 6
54669 Bollendorf
Infotelefon: 06525-93393-0
www.felsenland-suedeifel.de

NaturWanderPark delux (Premiumwanderwege) · Geocaching und GPS-Wandern · iPod-Hörwanderung durch die Teufelsschlucht und die Grüne Hölle

WEINGUT
LOSEN - BOCKSTANZ
Himmeroder Straße 50
54516 Wittlich
Telefon: 06571/95250

Hochwertige Weißweine, Rotweine
und Winzersekte. Bei Internationalen
Wettbewerben regelmäßig prämiert.

Weinprobe und Verkauf Mo - Sa

RheinlandPfalz
GENERALDIREKTION
KULTURELLES ERBE

TRIER ZENTRUM DER ANTIKE

Kombiticket ANTIKENCARD TRIER   9,- €   www.gdke.rlp.de / www.landesmuseum-trier.de

Service

Camping und Wohnmobil: Campingplätze in landschaftlich schöner Lage findet man über die gesamte Region verteilt. Das vom Eifel Tourismus (s. Adressen) herausgegebene „Campingmagazin" (gratis) stellt eine breite Auswahl vor. Viele sind Gastgeber des Qualitätslabels „Regionalmarke Eifel". Ebenfalls gratis ist die Broschüre „Reisemobilerlebnis" mit Informationen zu Wohnmobil-Stellplätzen.

Jugendherbergen: Das Angebot ist erfreulich groß. Jugendherbergen gibt es in Aachen, Altenahr, Bad Neuenahr-Ahrweiler, Bad Münstereifel, Blankenheim, Bollendorf, Daun, Gemünd, Gerolstein, Hellenthal, Manderscheid, Mayen, Monschau, Monschau-Hargard, Nideggen, Prüm, Schleiden-Gemünd, Simmerath und Trier. Auskünfte erteilen die Landesverbände des Deutschen Jugendherbergswerks (DJH, www.jugendherberge.de): Landesverband Rheinland, Düsseldorfer Straße 1a, 40545 Düsseldorf, Tel. 0221 30 26 30 26, www.rheinland.jugendherberge.de, und Verband Die Jugendherbergen in Rheinland-Pfalz und Saarland, In der Meielache 1, 55122 Mainz, Tel. 06131 37 44 60, www.diejugendherbergen.de.

VERANSTALTUNGEN

Febr./März: Aachen ist eine **Karnevalshochburg,** die Fünfte Jahreszeit wird aber auch tief in der Eifel mit Kostümen und Umzügen gefeiert.

Ostern: Österliche **Eierläufe** haben in der Eifel Tradition. Die Eierlage in Schöneck findet seit 1764 statt – in historischen Kostümen.

April–Okt.: Das **Eifel-Literatur-Festival** zieht Schriftsteller von Rang in den Kreis Bitburg-Prüm (www.eifel-literatur-festival.de).

Mai–Aug.: **Burgfestspiele** in Mayen (www.burgfestspiele-mayen.de).

Juni: In Aachen findet das berühmteste **Reitturnier** der Welt statt; das CHIO gilt auch als „Weltfest des Pferdes" (www.chioaachen.de). Im Jugendstil-Kraftwerk von Heimbach wird das **Kammermusik-Festival „Spannungen"** veranstaltet (www.spannungen.de).

Juli: Open-Air-Festival **„Rock am Ring"** auf dem Nürburgring (www.ringrocker.com). **Europäisches Folkore Festival** in Bitburg (www.folklore-bitburg.de). Zu **„Rursee in Flammen"** wird ein Höhenfeuerwerk und eines in der Seemitte veranstaltet (www.rursee-in-flammen.de).

Aug.: Das **Open-Air-Festival Monschau Klassik** bietet auf der Burg Oper, Operette, Musical, Kammermusik (www.monschau-klassik.de). Die **Säubrennerkirmes** lockt am 3. Wochenende auf den Marktplatz Wittlich (www.saeubrenner.com). Ende des Monats findet das **Scheunen- und Kartoffelfest** im Künstlerdorf Moerz auf dem Maifeld statt. Ritter und Gaukler bevölkern die Niederburg von Manderscheid beim **Historischen Burgenfest.**

Sept.: **Winzerfest** in Ahrweiler mit großem Feuerwerk. Weitere **Weinfeste** in den umliegenden Dörfern. In Daun und im gesamten Landkreis Vulkaneifel findet der **Tatort Eifel** statt: Das Festival für die Krimifilm- und -buchbranche lockt alle zwei Jahre mit Prominenten und buntem Veranstaltungsprogramm (www.tatort-eifel.de; wieder 2015).

Okt.: **Lukasmarkt** (Volksfest) in Mayen.

Dez.: **Weihnachtsmärkte** verleihen den Altstädten von Aachen, Bad Münstereifel und Monschau einen feierlichen Zauber. Stimmungsvoll sind auch die **Weihnachtsmärkte** im Burgdorf Reifferscheid und im Freilichtmuseum Kommern.

Anzeige

EIFEL – Lust auf Natur

Die Eifel Tourismus ist Ihr Partner für den Urlaub in der Eifel.

Bei uns erhalten Sie die wichtigsten Informationen zur Planung und Gestaltung Ihres Urlaubs. Bestellen Sie kostenlos Gastgeberverzeichnis, Broschüren zu Radfahren und Wandern, Camping- oder Wohnmobilstellplätzen.

Gerne helfen wir Ihnen bei der Wahl der passenden Unterkunft. Schnell und kostenlos unterbreiten wir Ihnen ein Angebot.

Besuchen Sie unsere Homepage. Hier können Sie sich inspirieren lassen und Ihr Urlaubsdomizil online buchen.

Wir freuen uns auf Sie!

Eifel Tourismus (ET) GmbH · Kalvarienbergstr. 1 · 54595 Prüm
Tel. (0 65 51) 96 56-0 · Fax (0 65 51) 96 56-96 · info@eifel.info

Werden Sie Eifel-Fan:
www.facebook.com/eifelfanpage

EIFEL

www.eifel.info

Register

Impressum

1. Auflage 2014
© DuMont Reiseverlag, Ostfildern

Verlag: DuMont Reiseverlag, Postfach 3151, 73751 Ostfildern, Tel. 0711 45 02 0, Fax 0711 45 02 135, www.dumontreise.de
Geschäftsführer: Dr. Thomas Brinkmann, Dr. Stephanie Mair-Huydts
Programmleitung: Birgit Borowski
Redaktion: Horst Keppler
Text: Klaus Simon, Köln
Exklusiv-Fotografie: Rainer Kiedrowski, Ratingen
Zusätzliches Bildmaterial: dpa/Oliver Berg (S. 55), dpa/Jan Haas (S. 54 o.l.), dpa/Hans Joachim Rech (S. 52), dpa/dpa-Zentralbild/euroluftbild.de (S. 53), DuMont Bildarchiv/Peter Hirth (S. 22/23, 47, 63 o.r., 104 o.), © Georg-Meistermann-Nachlassverw., Dr. J.M. Calleen/VG Bild-Kunst, Bonn 2014), Huber Images/Lubenow (S. 4, 60/61), Huber Images/Ritterbach (S. 20/21), Huber Images/Schmid (S. 43), Look/Zielske (S. 66 o.l.), S. 28 o.l. © VG Bild-Kunst, Bonn 2014
Grafische Konzeption und Art Direktion: fpm factor product münchen
Layout: Cyclus · Visuelle Kommunikation, Stuttgart
Kartografie: © MAIRDUMONT GmbH & Co. KG
DuMont Bildarchiv: Marco-Polo-Straße 1, 73760 Ostfildern, Tel. 0711 45 02 266, Fax 0711 45 02 10 06, bildarchiv@mairdumont.com

Für die Richtigkeit der in diesem DuMont Bildatlas angegebenen Daten – Adressen, Öffnungszeiten, Telefonnummern usw. – kann der Verlag keine Garantie übernehmen. Nachdruck, auch auszugsweise, nur mit vorheriger Genehmigung des Verlages. Erscheinungsweise: monatlich.

Anzeigenvermarktung: MAIRDUMONT MEDIA, Tel. 0711 450 23 33, Fax 0711 450 21 012, media@mairdumont.com, http://media.mairdumont.com
Vertrieb Zeitschriftenhandel: PARTNER Medienservices GmbH, Postfach 810420, 70521 Stuttgart, Tel. 0711 72 52 212, Fax 0711 72 52 320
Vertrieb Abonnement: Leserservice DuMont Bildatlas, Zenit Pressevertrieb GmbH, Postfach 810640, 70523 Stuttgart, Tel. 0180 572 72 52 265, Fax 0180 572 72 52 333, dumontreise@zenit-presse.de
Vertrieb Buchhandel und Einzelhefte: MAIRDUMONT GmbH & Co. KG, Marco-Polo-Straße 1, 73760 Ostfildern, Tel. 0711 45 02 0, Fax 0711 45 02 340
Reproduktionen: PPP Pre Print Partner GmbH & Co. KG, Köln
Druck und buchbinderische Verarbeitung: NEEF + STUMME premium printing GmbH & Co. KG, Wittingen, Printed in Germany

FSC
www.fsc.org
MIX
Papier aus verantwortungsvollen Quellen
FSC® C001857

Anzeige

ostbelgien
überraschend groß

www. eastbelgium.com

Tourismusagentur Ostbelgien
Hauptstraße 54, B-4780 Sankt Vith
T +32 80 22 76 64
info@eastbelgium.com

VIETNAM
Bunte Farben, angenehme
Gerüche und wohlklingende
Geräusche – Vietnam be-
zaubert.

PARIS
Das Traumziel an der Seine
beeindruckt mit grandiosen
Museen, aufregender Architektur und ganz viel Flair.

MÜNSTERLAND
Eine parkartige, leicht hü-
gelige Landschaft lädt ein
zu Erlebnistouren.

Lieferbare Ausgaben

DEUTSCHLAND
119 Allgäu
092 Altmühltal
105 Bayerischer Wald
120 Berlin
106 Bodensee, Oberschwaben
121 Brandenburg
056 Chiemgau, Berchtesg. Land
013 Dresden, Sächs. Schweiz
152 Eifel, Aachen
096 Elbe und Weser, Bremen
125 Erzgebirge, Vogtland
020 Frankfurt, Rhein-Main
059 Fränkische Schweiz
112 Freiburg, Basel, Colmar
028 Hamburg
026 Hannover zw. Harz u. Heide
042 Harz
062 Hunsrück, Naheland,
    Rheinhessen
023 Leipzig, Halle, Magdeburg
131 Lüneburger Heide, Wendland
066 Mainfranken
133 Mecklenburgische Seen
038 Mecklenburg-Vorpommern
033 Mosel
114 München
047 Münsterland
015 Nordseeküste
    Schleswig-Holstein
006 Oberbayern
074 Odenwald, Bergstraße
035 Osnabrücker Land, Emsland
002 Ostfriesland, Oldenb. Land
135 Ostseeküste Meck-Pomm
154 Ostseeküste
    Schleswig-Holstein
136 Pfalz
040 Rhein zw. Köln und Mainz
079 Rhön
116 Rügen, Usedom, Hiddensee
137 Ruhrgebiet
149 Saarland
080 Sachsen
081 Sachsen-Anhalt
117 Sauerland, Siegerland
083 Schwarzwald Norden
045 Schwarzwald Süden
018 Spreewald, Lausitz
008 Stuttgart, Schwäbische Alb
141 Sylt, Amrum, Föhr
142 Teutoburger Wald
102 Thüringen
143 Thüringer Wald
037 Weserbergland

BENELUX
052 Amsterdam
011 Flandern, Brüssel
070 Niederlande

FRANKREICH
055 Bretagne
021 Côte d'Azur
032 Elsass
009 Frankreich Süden
    Languedoc-Roussillon
019 Korsika
071 Normandie
001 Paris
115 Provence

GROSSBRITANNIEN/IRLAND
063 Irland
130 London
138 Schottland
030 Südengland

ITALIEN/MALTA/KROATIEN
017 Gardasee, Trentino
110 Golf von Neapel, Kampanien
128 Italien, Norden
005 Kroatische Adriaküste

113 Malta
073 Oberitalienische Seen
076 Piemont, Aostatal
014 Rom
082 Sardinien
003 Sizilien
140 Südtirol
039 Toskana
091 Venedig, Venetien

**GRIECHENLAND/ZYPERN/
TÜRKEI**
034 Istanbul
016 Kreta
090 Türkisches Mittelmeer
148 Zypern

MITTEL- UND OSTEUROPA
104 Baltikum
122 Bulgarien
094 Danzig, Ostsee, Masuren
101 Polen Süden, Breslau,
    Krakau
044 Prag
085 St. Petersburg
145 Tschechien
146 Ungarn

ÖSTERREICH/SCHWEIZ
129 Kärnten
004 Salzburger Land
139 Schweiz
088 Tessin
144 Tirol
147 Wien

SPANIEN/PORTUGAL
043 Algarve
093 Andalusien
150 Barcelona
108 Costa Brava
025 Gran Canaria, Fuerteventura,
    Lanzarote
065 Kanarische Inseln
124 Madeira
132 Mallorca
007 Spanien Norden
118 Teneriffa, La Palma,
    La Gomera , El Hierro

SKANDINAVIEN/NORDEUROPA
057 Dänemark
029 Island
099 Norwegen Norden
072 Norwegen Süden
151 Schweden Süden, Stockholm
153 Hurtigruten

**LÄNDERÜBERGREIFENDE
BÄNDE**
123 Donau – Von der Quelle bis
    zur Mündung
112 Freiburg, Basel, Colmar

AUSSEREUROPÄISCHE ZIELE
010 Ägypten
053 Australien Osten, Sydney
109 Australien Süden, Westen
107 China
024 Dubai, Abu Dhabi, VAE
036 Indien
027 Israel
111 Kalifornien
031 Kanada Osten
064 Kanada Westen
022 Namibia
068 Neuseeland
041 New York
048 Südafrika
012 Thailand
046 Vietnam

www.dumontreise.de